名师名校名校长

凝聚名师共识
回应名师关怀
打造名师品牌
培育名师群体

　　　　　　张明远题

笃学与崇实：

小学"创意科学"课堂的研究与实践

林梅兰 / 著

人民文学出版社　天天出版社

图书在版编目（CIP）数据

笃学与崇实：小学"创意科学"课堂的研究与实践 /
林梅兰著. — 北京：天天出版社，2023.12
ISBN 978-7-5016-2226-9

Ⅰ.①笃… Ⅱ.①林… Ⅲ.①科学知识—课堂教学—
教学研究—小学 Ⅳ.①G623.62

中国国家版本馆CIP数据核字（2023）第254944号

责任编辑：范景艳　　　　　　　　　　美术编辑：曲　蒙
责任印制：康远超　张　璞

出版发行：天天出版社有限责任公司
地址：北京市东城区东中街42号　　　　邮编：100027
市场部：010-64169902　　　　　传真：010-64169902
网址：http://www.tiantianpublishing.com
邮箱：tiantiancbs@163.com

印刷：北京政采印刷服务有限公司　　经销：全国新华书店等
开本：710×1000　1/16　　　　　　印张：14.125
版次：2023年12月北京第1版　　印次：2023年12月第1次印刷
字数：228千字

书号：978-7-5016-2226-9　　　　　定价：58.00元

序 言

　　为什么培养学生的创新思维？如何培养学生的创新意识与创新能力？《笃学与崇实——小学"创意科学"课堂的研究与实践》一书的作者用自己的实践经验做出了回答，该书向我们展示了如何通过有创意的教与学实现发展学生的创新与实践能力。

　　本书作者以独特的视角，阐述了"创意科学"课堂的理念和实施方法，旨在通过引导学生开展科学探究与实践活动，培养学生的观察意识以及思维的深刻性、灵活性、批判性、敏捷性和独创性等科学品质，提高学生的科学素养。强调发挥学科优势，抓住儿童创造思维发展的黄金时期，培养学生的创新思维，并提出了在科学教育中培养学生创新与实践能力的课堂教学模式。这种课堂模式以"科学观念"的形成为基础，以"科学思维"的培养为核心，以"探究实践"为途径，以"态度责任"为价值方向。通过积极创造条件，引导学生经历从情境中发现问题，在探究实践中研究问题，在互动分析中解决问题，实现概念建构，形成探究的意识及态度，建立相对稳定的以探究来解决实际问题的科学思维方式和科学价值观，从而培养学生的科学核心素养。本书精选了涵盖小学科学四个领域的十个典型教学案例，每一个案例都分别从"教学分析""组织实施"和"案例反思"三个方面予以翔实阐述："教学分析"侧重于对内容和学情的分析；"组织实施"侧重于教学方法的选择和教学流程的设计；"案例反思"则以点带面，挖掘教学行为背后的理论依据，以反思促发展。通过大量的案例分析，展示了"创意科学"课堂在培养学生创新思维、科学素养和解决问题能力方面的优势。

　　《笃学与崇实——小学"创意科学"课堂的研究与实践》一书既有丰富的实践案例展示，又不乏深厚的理论基础。该书作者林梅兰一直活跃在小学科学教学一线，在多年扎实的教学实践中，她形成了自己独特的教学风格，书中所呈现的教学案例凝聚着她对科学教学的深刻思考，背后是她对科学教学的深沉挚爱与不懈求索。不管是"创意科学"教学模式的提炼与总结，还是教学案例的回顾与撰写，都是建立在深厚的教育教学理论基础之上的。从专业的科学教育理论到具体的教学活动案例，详细介绍了如何构建"创意科学"课堂的教学环境、如何设计和实施教学活动、如何评价学生的学习效果等一系列具体步骤，这些内容对于广大教育工作者来说，无疑具有很强的指导意义和参考价值。

我衷心希望这本书能对广大教育工作者有所启示和帮助。让我们一起走进"创意科学"的殿堂，共同努力为孩子们创造一个充满乐趣和智慧的"创意科学"课堂，探索教育的无限可能！

叶彩红

福建省特级教师

厦门市教育科学研究院科学教研员

目 录

第五章 "创意科学"实践案例

第一章

"创意科学"
综述

第一节 "创意科学"概论

在当今这个知识爆炸的时代，科学技术的飞速发展给人们的生活带来了前所未有的便利和惊喜。然而，我们也意识到，随着科技的迅速发展和经济的全球化，社会对人才的需求也在不断变化。未来要更好地适应社会的发展就必须具备创新思维和实践能力，创新思维和创造力将成为决定孩子未来的关键因素。通过小学科学教育，可以培养学生的观察力、好奇心和批判性思维，这些都是创新思维和实践能力的重要组成部分。

"创意科学"并非是传统意义上的科学学科，而是一种新的思维方式和方法论。它强调的是将科学知识和创新思维相结合，以解决现实生活中的问题，并推动社会进步。在"创意科学"的框架下，人们不再是被动地接受知识，而是主动地探索和发现，借助科学方法来研究现实生活中的各种问题，并寻找解决方案。

《义务教育科学课程标准（2022年版）》指出"科学课程要培养学生的核心素养"，包括科学观念、科学思维、探究实践、态度责任等。而科学思维更是小学科学教育的核心之核心，包括模型建构、推理认证、创新思维等。其主要表现为学生在构建概念和解决问题时基于证据与逻辑，运用分析与综合、比较与分类、抽象与概括及推理与臻美的能力，逐步形成从不同角度分析、思考、解决问题，发展为思维的深刻性、灵活性、批判性、敏捷性和独创性的智力特征。这也是儿童未来发展的关键能力之一。

小学阶段是学生思维发展的关键时期。在这个阶段，学生的大脑发育迅速，对新鲜事物充满好奇。教师应引导学生探索自然现象，发现事物的规律，培养他们的逻辑思维和创新能力。陶行知先生认为，畅想是儿童的天性，儿童是最富有创造潜能的人。有心理学研究表明，11岁到15岁的儿童处于创造思维发展的黄金时期。小学科学是一门以探究实践为基础的综合性的课程，在培养学生的创新能力方面具有得天独厚的优势。

自2010年5月以来，我校着力于福建省素质教育改革项目"在科学教育中培养学生的创新与实践能力"的研究。经过多年的探索与研究，我们初步形成了培养学生创新与实践能力的课堂教学模式。通过反复的实践与思考，我认为小学科学教学应该充分发挥学科优势，抓住儿童创造思维发展的黄金时期以培养学生的科学思维，尤其是培养学生的创新思维。

综上所述，为了适应社会的发展、满足学生的需求以及优化课程设置，通过小学科学教育培养学生的创新思维和实践能力，为他们的未来发展打下坚实的基础。我提出了"创意科学"的教学主张。在未来的发展中，"创意科学"将在科学教育中落实培养创新思维和实践能力，发挥其重要作用，推动孩子们不断进步和发展。

第二节 "创意科学"的内涵与特征

一、"创意科学"的内涵

在词典中，"创意"为创造意识或创新意识之意，通常指人们在理解与认知某种现存事物之后，进而产生的一种新的抽象思维与行为潜能。创意是一种个人通过其所拥有的创新思维意识，而对现有资源进行深入挖掘，并重新激活资源组合方式，从而实现资源价值的提升的方法。

创意科学是一种以科学教育为载体，旨在培养孩子创新意识和创新能力的教育方式。它打破了传统教学方法的束缚，充分发挥学科优势，开放孩子的学习时空，保护和鼓励孩子的奇思异想。创意科学利用孩子好动好玩的天性，通过抓住孩子创造思维发展的黄金时期，创设情境，引导孩子开展科学探究与实践活动。

创意科学追求实践性和趣味性，让孩子们在轻松愉悦的氛围中经历从情境中发现问题，在探究实践中研究问题，在互动分析中解决问题，实现概念建构，掌握探究技能，发展科学思维，形成正确的科学价值观，培养学生的核心素养。在创意科学的课堂上，孩子们不再是被动的接受者，而是成为主动的探索者和创造者。教育者积极创设真实的情境，激发孩子们的好奇心和求知欲，引导他们通过观察、实验、总结和反思，发现科学原理和规律，进而使学生实现对包括抽象思维与行为潜能在内的创新意识的延伸掌握，激发其创新欲望，提高其创新思维能力。同时，创意科学还注重培养孩子们的团队合作和沟通表达能力，让他们在探究过程中学会分享、交流，为其日后的学习和发展奠定基础。

"创意科学"是灵活、多维、探究、开放的科学教学活动。它关注人的发展需求,通过把握学段课程标准,依据教材表达的特点,从学生学习需要出发分析、整合教学内容,借助教材的特色、妙处,通过自主合作探究的方式,让学生在不断的尝试和实践中发展创新思维,提高学生的创新能力并不断内化为学生的科学素养。

二、"创意科学"的特征

(一)自主性——体现学生主体

学生是学习和发展的主体,一切教学活动都必须以调动学生的积极性、主动性和创造性为出发点,引导学生主动探索,积极思考,通过自主的活动达到生动活泼的发展。在小学科学教育中,自主性表现为教师要突出学生的主体地位,尊重学生的认知水平,联系学生已有的知识和经验,引导学生积极主动地进行科学探究学习活动,主动通过多种方式寻找证据,运用创造性思维和逻辑推理解决问题,并通过评价与交流等方式达成共识的过程。教师在科学教育教学中应注重承担学习资源建设者、活动开展组织者、意义建构促进者、信息素养形成促进者的作用,切实地把学生学习的责任感、独立性、能动性以及热情、信心、潜能激发出来,从而使每个学生的潜能得到充分的挖掘和开发,这是实现有效教学和提高创新与实践能力的关键和根本。

(二)问题性——激发求知欲望

疑问、问题能激起人类的求知欲望。科学素养导向下的探究学习是一种以问题为中心出现的学习方式,是从有疑问的发现问题、提出问题开始,经过分析探索,最后解决问题的过程。其中疑问、问题是激起和激发学生求知欲望最强劲的动力,因为当学生围绕问题寻求答案的时候,其注意力是最专注的,兴趣也是最高的。如果没有疑问和问题,学生就不能积极主动地进行探究,也不会深入进行思考。教师应当根据探究内容和学生的年龄特点创设问题情境,让学生在各种矛盾中产生疑问、产生问题,然后围绕这些疑问、问题开展探究。

(三)体验性——注重经历过程

《义务教育科学课程标准(2022年版)》指出:"科学学习以探究为核心。"科学探究需要围绕提出和聚焦的问题设计研究方案,通过收集和分析信息获取证据，经过推理得出结论，并通过有效表达、与他人交流自己的探究结果和观点，能运用科学探究的方法解决比较简单的日常生活问题。在这个过程中，教师应为学生搭建一个学习的脚手架，让学生对某一个探究内容展开深化的研究，根据已有的生活经历和背景知识积极主动地构建自己的知识系统，生成有价值的亮点，在学生与学生、学生与教师的互动中共同获得发展。

（四）开放性——改变学习时空

教室、实验室是科学学习的重要场所，但教室、实验室外还有更广阔的科学学习天地：校园、家庭、社会、公园、田园、科技馆、青少年科普教育实践基地……到处都有科学学习的资源，到处都是科学学习的场所。教师可以精心策划，让学生们在更广阔的时空里学习科学，让教室和实验室以外的科学学习活动成为科学教育的有机组成部分；让课堂上所学的内容有活化、整合、应用的机会；让科学经验与科学概念建立有机联系，促进学生科学素养的发展。

第三节 "创意科学"的实施策略

只有有创意的教师，才能培养出有创意的学生。要想成为有创意的教师，必须先树立"人人是创造之人"的教育教学理念。在教学过程中充分挖掘每一个学生的潜力，让学生感受到时时是创新之时，处处是创新之地，实现其创新潜能的激发。

一、问题驱动，激发创新欲望

一个好的问题能够吸引学生的注意力，使学生主动投入到问题的探究与解决中，它既能够提供给学习者一个广阔的多向度的探索空间，激发学生学习的内在动力，也能提纲挈领地指出持续思考、自我探究的方向。因此，吸引注意力，引起探究兴趣，是设计问题的重要条件。这就要求教师要基于学生的立场，站在学生的角度，考虑到不同年龄段学生的心理特点及兴趣关注点，根据学生的原有认知水平，联系学生的生活经验巧妙地设计问题情境，以激发学生的探究欲望。研究表明，过于困难或过于简单的问题都无法有效激发学生的探究欲望。教师需要创设与学生生活及知识水平相关的问题情境，并制造出学生的困惑或与学生常识相悖的矛盾，使学生陷入似懂非懂、似会非会的状态。这样，学生就会产生强烈的探究欲望，想要弄清楚"是什么""为什么"和"怎么办"等问题。在问题驱动下，学生将积极寻找解决问题的办法，并主动投身于科学探究活动中，发展学生的思维能力，真正提高学生的学习能力和核心素养。

在教科版一年级上册《用手来测量》一课中，探究重点是测量桌子的高度。教师需要引导学生用纸条来测量桌子的高度以及正确测量纸条的长度。

对于一年级的孩子来说，要一步完成这两个任务具有较大的困难。因此，教师先让学生尝试用"拃"来测量桌子的长度。测量后，学生会发现由于测量的方法不同，测量的数据差别较大。这时，学生就会产生疑问，为什么会这样？该怎么办呢？在这些问题驱动下，学生迫切想要了解如何测量才能更准确。于是，教师组织学生通过演示、观察、比较、交流和补充等方式，完善学生对测量方法的认识。当学生会用拃测量桌子的长度之后，他们跃跃欲试，想要进一步尝试测量桌子的高度。这时，教师让学生去尝试，他们在测量的过程中会发现直接用手测量桌子的高度有困难。孩子们再一次处于似懂非懂的矛盾中，迫切希望找到解决问题的办法。这时，教师适时出示课前准备好的纸条。为了解决这一困难，他们就得动用前一节课用纸条来测量距离的经验。用纸条怎样测量呢？孩子们在新的问题的驱动下积极地寻找解决的办法。

在教师的引导下，学生通过化整为零的方式，将多个环环相扣的问题有效击破。他们从问题探究的实践活动中体验到成功的乐趣，从此将科学探究的种子埋在心中。

二、活用资源，发展创新思维

（一）创造性使用教材

《义务教育科学课程标准（2022年版）》提倡利用教材开展教学活动，但在具体实践中，学校和教师可以根据实际情况对教材内容进行适当的调整和改编，创造性地运用教材。同时，教材中某些实验设计可能存在材料难以寻找、操作困难、效果不佳等问题，这在一定程度上影响了科学探究的效果。因此，在教学过程中，教师可以引导学生针对这些问题进行实验改进和创新，从而提高实验探究的效率，训练学生思维的灵活性，推动学生创新思维的发展。

如，教科版五年级"测量泡沫塑料受到水的浮力"的实验教学中，教材所提供的实验装置，如图1-3-1。

图1-3-1

学生经过几次实验失败后，发现这个装置存在以下不足：

（1）操作不方便，橡皮泥在水中易融化，小滑轮用橡皮泥难以固定，且棉线易打滑。

（2）自制有刻度的水槽比较麻烦，且水槽太大致使排开的水量难以观察。

为了便于操作，以提高实验效率，在课堂中，我引导学生对实验装置进行如下改进：

（1）用支架代替橡皮泥，解决了固定滑轮难的问题。

（2）用量杯代替水槽，解决了排开水量变化不明显的问题。

改进后的装置，如图1-3-2。

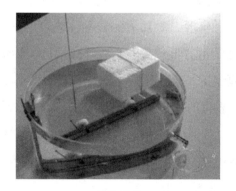

图1-3-2

通过对实验装置的改进和创新，不仅使实验教学设计得以优化，方便了实验操作，提高了所收集数据的准确性，而且在很大程度上提高了课堂教学的效率，有效地锻炼了学生的科学思维和创新能力。

经过改进的实验虽然效果较好，但组装小组实验材料的过程较为耗时且烦琐。因此，我借鉴了其他老师的方法，重新设计了一项实验，通过改变给塑料瓶施加压力来探究它排开的水量和受到的浮力大小的关系，以替代原实验。

实验步骤如下：

首先，我们需要准确地测量小塑料空瓶和每个螺帽的重量；接着，在烧杯中注入200毫升的水，并记录水位；然后将一个螺帽放入塑料瓶，并将其置于烧杯中，记录此时杯中的水位和塑料瓶与螺帽的总重量。通过计算烧杯前后两次水位的刻度差，即可代表塑料瓶排开水的量，即塑料瓶浸入水中的体积。

之后，我们依次在塑料瓶中加入第二个、第三个螺帽进行实验，每次记录总重量和水位的高度。经过分析总结后，可以发现塑料瓶受到的浮力大小与浸入水中的体积之间的关系。即物体排开水的体积越大，受到的浮力也越大。

重新设计的这个实验，将教材内容化难为易，并增强了实验操作性，让学生在活动中轻松明白了物体排开水的体积越大，受到的浮力也越大的规律。此举不仅顺利完成了该部分的教学任务，也达到了预定的目的和效果，提升了实验教学的实效。

（二）合理开发教学资源

《义务教育科学课程标准（2022年版）》强调，合理使用开发有助于进行科学教学活动的各种资源，激发学生学习科学的兴趣，提高教学活动的质量。为了更好地满足学生的学习需求，教师应根据实际情况，选择与组合各种课程资源，创设真实的情境，给学生提供阅读、操作、体验、探究、实践的机会和支持。科学教育的课程资源无处不在，教师应根据学校特定的自然与人文环境，利用与开发各种科学课程资源，使学生获得广阔的科学学习的渠道和方式，以推动科学教学的有效进行，帮助学生更好地理解和掌握科学知识，促进学生核心素养的形成和发展。

1. 学校课程资源的开发和利用

（1）增加学校科技类书刊的藏量，更新学校的教学设备，尤其是实验室、仪器室和科技活动室的设备。

（2）充分利用校内的土地资源建立科技种植园、饲养园、气象站。

（3）发挥教师的潜力，积极研究开发教学课程，充实教学内容。

2. 家庭课程资源的开发和利用

（1）鼓励家长和孩子订阅科普书刊，关注科技发展的信息。

（2）鼓励家长和孩子共同参与家庭养殖与种植活动，并进行一些简单的科学探究活动。

（3）鼓励家长带孩子走进大自然，引导孩子关注自然环境，通过观察、实验等方式，探索自然规律和生命现象，以增强孩子对自然的理解和热爱。

3. 社会课程资源的开发与利用

社区中有很多可以利用的科学教育资源，如科技场馆、科研机构、企业等。教师应积极与社区合作，充分利用这些资源，为学生提供更加丰富、实际的科学学习机会。

（1）积极主动地与社区内的企事业单位等机构联系，共建科技场所，开展科技教育活动。

（2）聘请科技人员和专家担任科技辅导员，聘请家长中的科技工作者定期到校做科普讲座。

（3）组建科技兴趣小组，利用社区资源开展科技实践活动。

三、合作探究，提高创新能力

在科学学习中，以学习小组为基本活动单位，利用学习过程中的各个动态因素，促使学生积极参与到科学学习中，并通过加强学生间的互动合作来实现每一位学生的全面发展。此种学习形式的关键在于学生与学生间的合作探究，以合作探究推动对学生主体意识、合作意识和合作能力的培养，促使作为学习主体的学生积极地与小组合作同学进行思想方法的交流，共同探讨科学学习的问题，全力投入合作学习。为此，教师应当围绕学习主题，设置情境材料，引导学生以小组为单位进行合作学习与探究，实现思维的碰撞，提高学生的思辨与创新能力，实现学生间的相互促进和共同发展。

课程形式上：从传统的目标——达成——评价程序型课程变成主题——探

究——发现项目型课程。

学习方式上：从呆坐式学习向活动性学习转变。

教学方式上：从传递、讲解、评价向触发、交流、分享转变。

学习目标上：从习得、记忆、巩固走向探究、反思、表达。

小学科学提倡做中学，玩中学，学生就其中的焦点问题展开探究。合作探究是课堂教学中兼具开放性与综合性的一个教学环节，学生一般可以在设计方案、交流方案和完善方案时进行交流讨论。如五年级的《做一个太阳能热水器》，我是这样引导学生进行合作学习的：

合作1. 设计方案

设计合理可行的方案是"工程与设计"类课程的精髓所在，本节课的重点和难点在于对学生进行思维的逻辑性、严密性、发散性和创造性等方面的训练。我首先提出太阳能热水器的设计要求为："1. 能够装200毫升的水。2. 能够在15分钟内使水的温度升上去。"随后将更多的时间留给学生，让他们以小组为单位围绕着"要达到设计要求需要考虑哪些问题？怎样解决这些问题？"进行方案设计，并画出设计草图。

合作2. 交流方案

由于每个学生具有不同的经验、思维、性格和爱好，所以他们在思考、讨论同一个问题时也会出现不同的看法。为了实现学生的充分交流，应营造宽松民主的学习氛围，引导学生对小组合作设计的方案进行交流，把教师的点拨、示范、评价与学生的听、说、思予以结合。通过交流互动，使学生在其中表达见解，倾听他人意见，学会在争辩与评判中反思自己的想法、厘清自己的思路、接纳他人的意见。如《做一个太阳能热水器》设计方案的交流互动中，学生们提出了许多建设性意见：为更好地保温与集热，应采用密封性较好的盒子；为获得更多阳光，盒面上可以开个大窗口，再用透明塑料薄膜封好；用透明的塑料瓶子可吸热；用泡沫塑料塞满瓶子周围可以更好地保温；将盒子内外涂成黑色或将盒子与阳光垂直放置，并利用放大镜聚光或平面镜反光等，都能够使热水器吸收更多的热量。

合作3.完善方案

交流的目的在于取长补短，共同进步。交流后，教师应及时引导学生根据每组方案的优点与不足，对各自的方案进行修改完善。在《做一个太阳能热水器》设计方案的完善过程中，我们发现，学生不仅能够借鉴他人的方法，还能在他人方案的基础上予以创新。如在用镜子反光的启发之下，有学生就想到用多面镜子反光会有更好的效果；在将盒子涂黑可以吸热快的启发之卜，有学生就想到将泡沫塑料也涂黑，不仅能保温，还能吸收更多的光和热。

围绕着"怎样设计太阳能热水器？这样设计有什么好处？有不同的看法或疑问吗？你对设计方案又做了怎样的修改，为什么这样改？"等问题，引导学生进行设计方案——交流讨论——完善方案的科学合作探究，使学生在合作中进行思维的碰撞，通过比较与交流实现相互学习，在多元碰撞中不断实现创新思维与创新能力的提高。

四、创意评价，提升科学素养

《义务教育科学课程标准（2022年版）》指出，评价要以课程目标和学业质量标准为依据，构建素养导向的综合评价体系，发挥评价与考试的导向功能、诊断功能和教学改进功能，实现教学评一体化。倡导跨学科融合、校内外结合，体现评价的综合性、增值性及过程性，要从科学观念、科学思维、探究实践、态度责任等方面全面评价学生，促进学生核心素养的发展。为了充分利用有效的课堂学习评价体系开展教学，我除了关注学习结果的评价，更关注学习过程的评价。通过自评、互评、师评等方式，让学生对自己的学习行为、学习方法和态度进行评价和反思提高课堂学习的效果。具体的评价的方法主要有：

（一）观察评价法

在科学教学的过程中，教师通过细致观察学生的学习表现和思维反应，如根据学生在解答问题、实验操作、自主探究、小组合作等活动中的表现，从学生的学习兴趣、思维活动、学习方法、知识理解、学习困难及其原因等方面进行评价，重点关注学生的学习方法与学习过程。对当前的教学效果进行综合评价，据此对教学进度、教学内容和教学方法进行适时调整，以推动学生创新思维的发展。

（二）谈话评价法

谈话评价法是一种通过教师与学生进行面对面的交流来评估其学习表现的方法。在评估学生学习情况时，教师采用谈话评价法，以便深入了解学生的学习方法和解决问题的策略。通过发现和推荐优秀的学习方法，以及分析不合理的思维方法形成的原因，教师可以提供有效的指导，并推荐给其他学生。此外，教师还通过设计开放性问题相关的谈话交流，以了解学生的思想观点和创新思维的闪光点。这些发现有助于教师调整教学策略，以培养学生的创新思维并提高教学的有效性。

（三）测试评价法

测试评价法是一种常用的评估方法，它通过对学生的表现进行评价，以了解学生的学习成果和进步情况。在对学生进行能力评价时，可以采用口试、笔试和现场操作等多元化的测试方法，同时辅以传统测试手段，如知识记忆等，全面考核学生在多维目标上的达成度，以便全面了解学生的知识和技能水平，关注学生分析解决问题的能力和创新实践的能力评价。

测试评价法可以提供客观、量化的数据，以便对学生的学习成果进行准确的评估。同时，通过比较不同学生的表现，教师可以找出学生的弱点，并提供相应的指导和支持，帮助教师改进教学方法和课程设置，以提高教学效果和学生的学习效果。

（四）分析评价法

在小学科学教学中，分析评价法可以用于对学生的学习成果进行评估和反馈。关注学生的学习过程，以学生的课堂笔记、思维导图、实验报告单、设计方案、调查报告、科技小论文等学习成果为分析评价内容。同时采取学生自评与互评的方法，反思自己的学习过程和成果，以及他人的表现，以提升学生的科学素养。

通过以上方法，小学科学教师可以有效地运用分析评价法，全面了解学生的学习情况和发展趋势，为改进教学和提高学生的学习效果提供有力支持。

总之，通过科学教育对学生的创新思维予以培养是时代赋予教师的职责。为此，在科学教育中应以培养学生的创新能力为出发点，采取灵活有效的教学方法，勇于创新与实践，使广大学生乐于动手、勤于动脑，积极主动地参与到科学学习中，不断进行创新。

参考文献

［1］宁灿英.看合作学习 谈有效交流［J］.教育实践与研究，2011（6）.

［2］朱孝平.实训教学：优化教学过程的若干要素［J］.课程·教材·教法，2011（12）.

［3］梅云霞，陆军.核心素养背景下有关思维能力的几个基本理解［J］.中小学教师培训，2017（11）.

［4］走进新课程（新课程与小学科学教学）［M］.北京：学苑音像出版社，2004.

［5］黄海旺.小学科学教育中的科学思维及其培养策略［J］.湖北教育（科学课），2017（1）.

第二章

扎实科学探究
培育创新思维

第一节　搭好脚手架　培养问题意识

科学教师路培琦老师说过："科学的本质就是从提出问题到解决问题。"在进行小学科学教学时，应当遵循科学发展的规律，按照"问题——假设——验证——结论"的科学认识程序，组织学生开展探究活动。提出一系列问题是探究发现的第一步，也是探究得以继续进行的基础。正所谓有问题，才有思考；有思考，才有探究；有探究，才有发现；有发现，才会有进步。要得到发展，要完成进步，就必须始于问题的提出。那么，如何在小学科学实验教学中搭建脚手架引导学生发现问题、提出问题呢？

一、搭建"和谐架"　给一份勇气

赞科夫说："如果班级里能够创造一种推心置腹地交流思想的气氛，孩子们就能把自己的各种印象和感觉、怀疑和问题带到课堂上来，展开无拘无束的谈话，而教师以高度的机智引导并且参加到谈话里去，发表自己的意见，就可以收到期望的教育效果。"事实上，由于应试教育的影响，现在的学生在老师的严格管理下基本上成了循规蹈矩、谨小慎微的"好孩子"。学生或更习惯被动接受老师的问题，或怕出错被同学讥笑和老师批评而不敢提问题，以致很难把科学探究的主动权真正落实到学生手中。因此，教师要转变观念，以和蔼、友善、幽默的形象出现在课堂上，减少学生的距离感，以营造轻松和谐的课堂氛围，为学生提供一个心理安全的环境。如，对大胆提问的学生，不论问题质量如何，都给予鼓励；对提错问题的学生也绝不批评，并启发他用另一种方法思考，树立信心；对于提出富有思考性问题的学生，可因势利导采取个人独立思考或小组讨论的形式加以解决；对于提出的问题超过学生现阶段所学知识范围或教师一时难以回答的，要给学生讲清楚原因。这样，学生没有精神束缚和心理负担，提出自己想了解的问题的欲望就更强烈了，真正实现变"要我提问"为"我要提问"。

二、搭建"情境架"给一份收获

爱因斯坦说过："提出一个问题往往比解决一个问题更重要。"海森堡也说过："提出正确的问题，往往等于解决了问题的大半。"学生提出问题的能力应该是逐步发展的，教师要善于运用各种教学方法和手段创设典型的问题情境，诱发学生产生问题，如听故事、做游戏、看课件、做实验等都可引发学生提出科学探究的问题，特别是教师通过问题情境创设，造成学生困惑或产生有悖于常理的矛盾时，更能让学生产生想迫切弄清"是什么……为什么……怎么办"的问题，激发探究的欲望。在这个基础上，再根据学生的认知情况适当地加以指导，让学生知道什么样的问题有价值，并用口头或书面语言表述出来。学生经过一定案例的积累，并随着他们科学知识的丰富，能够逐步地提高自己提出探究问题的能力并养成爱提问题的习惯。

（一）问题源于认知冲突

每一个人总是基于生活经验，形成许多有助于适应环境的知识，这种"知识"就是他的"既知"。学生正是拥有这种"既知"和"现有经验"走进课堂的，而且他们相信自己的"既知"和"现有经验"是"正确"的。因此，在学生提出问题的过程中，教师首先应该充分考虑这些实际情况，创设新异的情境，这种情境与学生已有的认知发展水平具有一种适度的关系，表现为既有新异的一面，又有熟悉的一面；既有适应之处，又有不适应之处。用学生的体验来说，必须处于似懂非懂、似会非会、似能胜任又不能胜任之中。只有这样，这些新异的情境才能构成问题情境。如我听过的《了解空气》第一课时，教者是这样创设问题情境的：（出示魔术活动材料：盛有八成水的水槽、透明塑料杯、乒乓球各一件）把乒乓球放在水槽里，然后把塑料杯倒过来，罩住乒乓球往水里压，当把杯子全部压入水里后，猜一猜乒乓球会在杯子的哪个部位。

大部分学生猜测乒乓球会浮上去。当意外地出现了乒乓球没浮上去的现象时，学生们十分惊奇。教师巧借"魔术"，设置悬念，造成学生所见现象与原有认知和经验之间的矛盾冲突，自然而然地产生了需要探究的科学问题：为什么乒乓球留在了杯子口？杯子里确实有空气吗？是空气压住了乒乓球不让它浮上去的吗？这里有什么奥秘？一系列问题在学生脑海里打转，迫不及待地提出自己的疑问。可见通过创设情境，造成学生所见现象与"既知"和"现有经验"之间的矛盾冲突，学生自然产生了"是什么……为什么……怎么办……"的求知欲望，从而激发质疑兴趣，以趣生疑，由疑引思，促使学生不断发现问题，提出问题。

（二）问题源于探究活动

张红霞教授认为：培养学生提出问题的能力，要通过科学的探究和实践，这对于小学生和科学家都是一样的。科学问题应由学生在活动中遇到不解和矛盾时自己提出来，不应该、也不可能在教师的追问下"逼"出来。在活动前"逼"学生提问题，是没有成效的教学设计。

我们的科学教师也都认识到这样一个问题：最好不要由教师分派给学生问题，应由学生自主学习，但往往不知道怎样实现这样的理想。他们反复追问的结果往往引来五花八门的"我想研究……"的回答，但很可能极少符合教师的备课意愿和材料的结构，最后还是教师说出早已定好的科学问题。我曾听过四年级上册《动物怎样生活》一课，教师在课始出示几种动物实物，随即问学生："你们准备从哪些方面去研究这些动物？"在学生提出问题的过程中，教师五次反问学生："这个问题我们今天能研究吗？"从而否定了学生的提问。

科学研究的事实表明，科学问题的提出是在一个不断循环的过程中完成的。让学生参与活动，学生会在"真实"的活动中，不断发现新矛盾，提出新问题。如在教学《电磁铁》一课时，教师故意安排每个实验小组做出了磁力大小不同的电磁铁，然后提问："为什么我们的电磁铁能吸起N个回形针，而你们的却……"学生这时自然地提出了问题："电磁铁磁力的大小与那些因素有关吗？"再如，在教学《摆》时，先让学生自己制作摆，然后让摆摆动起来，并在相同时间内测量摆的摆动次数。反馈时，本节课要研究的问题就油然而生了：摆的快慢与什么有关呢？……这些问题的提出，为学生探究科学的真谛增加了兴趣。

（三）搭建"交流架"给一份创新

在科学探究活动中，解决一个问题也许仅仅是一个技能而已，而提出新问题，从新的角度去看旧的问题，却需要有创造性的想象力。疑问本身就是一种极有价值的精神财富，发现科学问题的能力，是学生学习科学、获取知识的基本能力。

学生的提问能力不能满足于会在一定的情境中提出问题，而应该在此基础上完成由外在到内在的一个内化过程，提高提问的水平和质量，进而形成提问的技能。学生往往会模仿教师的提问方法，这就要求教师的提问带有示范性，教师在提问过程中有意识地引导学生提出一个好问题，同时当学生提出各种问题的时候，给学生一个可以对他们所提的问题进行交流比较、反馈思考的平台，让他们对自己提出的问题好与不好进行比较、思考，这个过程就是对自己提问过程的反思。如教学《食物包装上的信息》，在"探究食物保质期的长短"的交流反馈中，教师提出："听懂他的发现了吗？你与他的发现有什么不同？"在交流汇报中，学生把自己的发现与别人的发现进行沟通、比较、反馈，又产生了新的问题：为什么同一种产品的保质期却不同？这种反思是在个人思考基础上，与他人所提的问题进行比较，产生思维碰撞的过程。它能促进学生对自己所提的原始问题进行自我对照，自我完善，因而我们应该把对提问题的反思作为科学学习的要求提出来，并在长期的科学学习过程中，通过持久的有意识的要求，使学生的反思逐步转化为自觉的思维。也只有这样，学生才能从比较、改进中慢慢悟到提问的要点，所提的问题才越来越能抓住事物的关键所在，问得越来越精彩，为将来学生能提出创新性的问题打好基础。

第二节　探究让科学课因活力而精彩

《义务教育科学课程标准（2022年版）》指出："每一个生活在科学技术高速发展时代的人，从小就明显地感受到了科学技术所带来的种种影响。"因此，对学生而言，从小就必须注重培养他们良好的科学素养，通过科学教育使他们逐步领会科学的本质，乐于探究，热爱科学，并树立社会责任感；学会用科学的思维方式解决自身学习、日常生活中遇到的问题。我们的科学老师必须采取各种有效的教学手段去吸引学生，培养他们对科学的兴趣和求知欲，引领他们学习与周围世界有关的科学知识，帮助他们体验科学活动的过程和方法，使他们了解科学、技术与社会的关系，乐于与人合作、与环境和谐相处、为后继的科学学习、为其他学科的学习、为终身学习和全面发展打下基础，从而爱上科学课。

一、巧设教学情境，激发学生探究兴趣

"兴趣是最好的老师。"一堂成功的科学教学课，首先是要激发学生的兴趣。创设情境就是通过创设与教学内容相关的情境，让教学进入情感领域，激发起学生的学习兴趣，并凭借情境，把知识的教学、能力的培养、智力的发展以及道德情操的陶冶有机地结合起来，从而促进学生的全面发展。我在讲《日食和月食》一课时，考虑到学生虽然能听懂但却难以真正掌握，为了使教学更加形象具体，我在课堂上组织学生进行示范表演：将开着的灯光当太阳，让一个学生举着小球当月亮，另一个学生站着不动以头当地球。然后让举着小球的学生在灯泡与另一个学生之间转，当灯光、小球与另一个学生的脸在同一直

线上时，另一个学生说他看不见"太阳"。其他学生也从阴影中看到了这一点。通过示范情境的创设，学生为他们能真正掌握月食知识而高兴，感到学习是轻松且充满乐趣的事，从而对自然科学这门课也产生了浓厚的兴趣。这样，学生的好奇心立刻转化为强烈的求知欲，学习情绪高涨，为后面的探究奠定了坚实的基础。

二、丰富教学资源，深化探究

《义务教育科学课程标准（2022年版）》指出："科学课程要面向全体学生。""科学学习强调探究与实践……科学课程应向学生提供充分的科学探究机会，使他们在像科学家那样进行科学探究的过程中，体验学习科学的乐趣，增长科学探究能力，获取科学知识，形成尊重事实、善于质疑的科学态度，了解科学发展的历史。"但是传统教学由于受到时间和空间的限制，教师几乎成了除课本外的唯一信息来源。这时候在教学中运用网络技术，就能很好地弥补传统教学的不足。其拥有的大量信息成为新的知识来源，成了源源不断的学习财富。在科学课《热对物质状态的影响》一课中，教学目的之一就是要求学生学会识别金属，知道有些物质的状态会随温度的变化而改变。由于教学活动组织得充分，学生掌握了金属的特性、共性。根据金属的共性、特性，学生能够很快地从多种常见的物体中辨别出金属，并说出辨别的方法，实现教学目的就成为一种可能。学生在教师的指导下，认真阅读教材，及时发现问题，提出质疑，并在教学活动中不断寻找解决问题的途径，以掌握新授知识，完成教学任务。学生的主体作用在教学活动中主要是通过阅读教材、提出质疑、分组实验、观察思考、设计实验、小组讨论、大胆发言、辨别金属等活动中完成。

三、着力于放，扩大开放教学的探究性

荷兰教育家费赖登塔尔认为，学习的唯一正确方法是让学生进行"再创造"，也就是由学生本人把要学的知识自己去发现或创造出来；教师的任务是引导和帮助学生进行这种再创造的工作，而不是把现成的知识灌输给学生。因

此，教师要尽量设计一些探索性、开放性的问题，给学生多提供自主学习的机会，把学生培养成为一个发现者、研究者和探索者，并且是具有开拓性、创新性的人才。如教《怎样加快溶解》一课，我们先以"每组一块方糖，看哪组先将方糖溶解了"游戏比赛导入，一下激起了全体同学的兴趣。在学生动手后交流如何做的基础上引出课题，鼓励学生猜测怎样可以加快溶解（搅拌、用热水、碾细⋯⋯），然后选择"利用搅拌可以加快溶解"这一推测，要求学生以食盐设计一个实验来验证。"怎样用食盐来实验并证明通过搅拌可以加快溶解呢？"有个学生说："往杯子中倒入食盐，加入水，用筷子搅拌看溶解快或慢。"话音刚落，一个学生立即反驳："你和谁比较？怎么知道溶解快或慢？"接着几个学生相继站起来说："应该一个杯子里用筷子搅拌，另一个不搅来比较。""还不够科学。如果一个杯子中有很多食盐，另一个杯子中仅一点儿，不也会很快吗？""对，应该同时往两个杯子中加入同样多的食盐，一个用筷子搅，另一个不用筷子搅⋯⋯""而且溶解用的水也应该一样多。""对，对，水的温度也得一样。"一个对比实验的方案就这样被学生周密地设计出来了。接着让学生动手实验，自然而然地得出"搅拌可以加快溶解"这个实验结论。通过这一设计，促进了学生在自主探索的过程中理解科学概念、理解科学本身，更让创新火花时时闪烁。

四、提供充足的探究时间，保证有效科学探究实验

有效实验探究活动不仅是学生动手操作上的探究活动，还应包括思维上的探究活动。一堂课只有40分钟，教师要引导学生做很多事情，如计划制订、小组讨论、动手实践、汇报交流等，经常会出现时间不够的情况，所以教师要有所侧重，不能为活动而活动。在安排学生探究活动的环节上，必须留有足够的时间，不仅能力强的学生要有时间探究，相对探究能力较弱的学生也要有足够的时间进行活动。如《今天的天气怎么样》一课，涉及知识较深，相关因素多，过程复杂，既要求学生发展观察能力，还要求学生能够把各种相关的因素联系起来，形成完整的概念，再从设计气象符号中得出结论，这是一个需要积极动脑的过程，仅通过动手探究是很难完成的。因此，教师必须把学生在探究

过程中需要动脑的地方所花的时间考虑进去，才能提高科学探究的有效性。

总之，课堂是我们教学的主阵地，要切实地提高教育教学效率，提升学生的科学素养。我们只有理性地认识我们的课堂教学，客观地面对我们课堂教学中存在的问题，才能不断改进我们的课堂教学。提高课堂教学效率的方法有很多，还有很多需要我们去思考与实践。当然，我们遇到的困难也会不少，碰到的问题也会很多，但只要我们面对问题和困难冷静思考、勇于实践、善于总结，就一定会不断地提高课堂教学效率。

第三节　科学探究活动培养质疑能力的策略

质疑是中国学生发展核心素养的18个基本要点之一。"质疑"从广义上讲是不轻信、不盲从、不畏权、不满足现状与水平，对已经获得的结论进行反复的验证等。质疑是求真过程中的较真儿，是对完美境界的追求，也是科学精神的灵魂体现，是创新的前提。教学中，我引导学生从以下三个方面提高质疑能力。

一、质疑探究的问题是否明确可行

郝京华教授指出："对产生于学生经验的、真实问题的探究是科学教学的核心策略。"也就是学生在教师的引导下，通过观察、思考、想象、分析、综合、比较、判断，主动提出的具有真实性、探究性、开放性、发展性、创造性的问题。

传统的教学模式是师问生答，思路是在教师限定的框框里。学生总是处于被动状态，普遍缺乏问题意识，阻碍了创新精神的发展。因此，教师要精心创设问题情境，引导学生提出科学探究的问题。而如何从学生提出的多种多样、琳琅满目的问题中筛选出具有研究价值的问题来，就要大胆鼓励学生的"求异质疑"——对自己或他人提出的问题进行质疑，通过质疑确定哪些问题是可以研究的，哪些问题是无法研究的。如在教学《电磁铁的磁力》时，有学生提出要研究电磁铁的磁力与干电池个数有什么关系，我引导学生提出自己的质疑，如：干电池是新的还是旧的？干电池型号一样吗？干电池的连接是串联还是并联？在质疑的过程中发现这个问题不够明确，可行性不强。这时我趁热追问："就刚才的问题要怎样提才能做到明确可行呢？"充分交流后，确定研究的问题为电磁铁的磁力与电流强弱有什么关系。这样的质疑不仅让学生的思维得到碰撞，而且有利于严谨科学态度的养成。

二、质疑收集的数据是否真实可靠

亲身经历以探究为主的学习活动是学生学习科学的主要途径。然而，收集的数据是否可靠，直接影响到学生的探究结果。日常教学中经常出现由于操作失误存在数据差异，或为了得出结论而随意篡改数据的现象，或实验中一些不明显的假象很容易影响学生的判断，直接影响到数据的可靠性。这就要求教师在教学中引导学生质疑自己和他人收集数据的过程和方法是否科学严谨。如教《运动与摩擦力》一课时，学生设计探究摩擦力的大小与接触面的光滑程度的关系实验时，提出改变的条件是接触面的光滑度，不改变的条件是运动的物体和运动的速度等。当学生汇报完他们的实验方案后，我引导学生质疑："对于他们的方案，你有什么疑问或建议吗？"学生经过思考，纷纷提出质疑：有的学生提出"你们怎么保证运动速度不变？"有的提出"除了运动的物体不变，运动的方式也不能改变"；有的提出"怎样改变接触面的光滑程度？每种接触面产生的摩擦力应该测几次，取哪个值数据会更可靠"等。又如，在教学《磁铁有两极》时，学生们从磁铁不同点上吸引的回形针个数的数据分析得出磁铁两端的磁力最强，中间没有磁性。我不急着否定学生们的结论，而是把问题抛给学生："你为什么说磁铁的中间没有磁性？"学生振振有词地说："因为磁铁的中间点一根大头针也没有吸住。"不能吸大头针就没有磁性吗？在我的追问下，有的学生说，"应该是有，可能比较小。"科学讲究证据，怎么证明你的这种想法呢？一石激起千层浪，学生们想到可以试试吸比回形针小的铁制品，如大头针、铁砂。最后，学生们通过实验证明磁铁中间的点能吸小部分铁砂，从而更正了自己的结论：磁铁两端的磁力最强，并向中间逐渐减弱。这样基于数据收集和分析的探究活动，提升了学生的数据收集与分析能力、实证意识和逻辑思维能力。

三、质疑得出的结论是否合理、可信

在平时的教学中，我们经常看到学生们利用自己观察、实验收集来的证据，很快做出判断后得出结论，而这样的结论往往是缺乏可信度和科学性的。如何逐步培养学生对证据的科学严谨的态度，引导学生在进行科学论证的过程中认识到，当做出某一判断和结论时，需要有大量的证据做基础。只有获得了充分的证据，才能得出科学的结论。这就要求教师在教学中注意引导学生尊重证据，敢于质疑得出的结论是否科学可信。

在教学《小苏打和白醋的变化》时，学生通过实验获取了小苏打和白醋混合后会产生一种无色、无味、比空气重、不支持燃烧的气体。学生根据这些证据进一步判断得出结论：小苏打和白醋混合产生的气体是二氧化碳。这时，我通过多媒体课件介绍另一种无色、无味、比空气重、不支持燃烧的气体——氩气，并提问："我们能根据这些证据就判断小苏打和白醋混合产生的气体是二氧化碳吗？"学生纷纷意识到这样的结论是不可信的，只有找到新的证据才行。于是，我继续引导学生寻找证明二氧化碳的证据，把二氧化碳注入澄清的石灰水，学生发现澄清的石灰水变浑浊，这样学生在新证据的支持下就可以得出科学的结论了。

质疑是学习的需要，质疑是思维的启动器，质疑是开启创新之门的钥匙。让学生发现问题、提出问题、解决问题，依靠自己主动探索，主动质疑、求疑，良好的方法才能在学生的心中扎根。当学生由一个质疑者、探索者最终成为一个发现者和创造者时，其内心的愿望才能得到满足，才会迸发出更大的学习热情，从而产生持久的学习动力。

参考文献

[1] 郁波. 教科版小学《科学》教材修订说明及教学建议 [J]. 湖北教育（科学课），2017（5）：32—37.

第四节　探究实现科学课"做中学"

《义务教育科学课程标准（2022年版）》提出，科学教育要注意培养学生良好的科学素养，使学生逐步领会科学的本质。

科学教育已被国内外人们广泛关注。我国现代伟大的人民教育家陶行知先生创造性地提出"教学做合一"的教育思想。他认为："教学做是一件事，不是三件事。我们要在做上教，在做上学。在做上教的是先生；在做上学的是学生。……先生拿做来教，乃是真教；学生拿做来学，方是实学。不在做上用工夫，教固不成教，学也不成学。"

当今世界，强调以学生亲自动手的方式开展科学教育形成一种潮流。在美国、法国、英国、加拿大等国的国家科学课程改革方案中，科学探究被列为课程目标和课程体系的最关键和最基本的要素。"学习必须是主动性的"已成为国际上基本的教育理念。目前，一种全新的学习方式被称为"做中学"，受到孩子们的欢迎。这项教育改革实验有着鲜明的特点，它强调学习方法、思维方法和学习态度的培养，注重学生自己动手、动脑和发现。

一、"做中学"的教育目标

"做中学"的教育目标旨在为所有学前和小学阶段的儿童提供亲历探究自然奥秘的机会，使他们通过观察提问、设想、动手实验、表达、交流的探究活动，体验科学探究的过程，建构基础性的科学知识，并获得初步的科学探究能力。这样不仅可以促进儿童的全面发展，还有助于培养他们成为具有良好科学素养的未来公民，为他们的未来发展打下坚实的基础。

在《义务教育科学课程标准（2022年版）》中，科学探究被视为重要的学习方式，是课程的基本理念之一。科学探究被列入课程的重要目标，内容标准中也有明确的要求。课程实施建议中强调"让探究成为科学学习的主要方式"，表明探究学习是一种新的学习方式和学习过程模式，体现了学生自主能动的学习过程。

科学探究学习是一种思想，它体现了新的人才观和教育观，将科学的本质与教育的本质结合起来，以促进人的发展为基点。同时，科学探究也是一种新的学习内容，它突破了狭隘的以概念为中心的内容界限，把具有广泛迁移功能的科学方法、科学技术与社会背景等作为学习的内容（领悟科学的内容）。

综上所述，"做中学"的教育目标旨在促进儿童的全面发展，培养他们的科学素养和探究能力，为他们的未来发展打下坚实的基础。

二、探究——科学教育观念的转变

随着时代的发展，科学教育观念也在不断转变。传统的科学教育注重知识的传授和技能的训练，而现代科学教育则更加注重探究和实践能力的培养。

首先，社会发展的需要是推动科学教育观念转变的重要因素。随着科技的飞速发展，社会对人才的需求也在不断变化。传统的科学教育模式所培养的人才已经不能满足社会的需求，而现代科学教育更加注重探究和实践能力的培养，能够更好地培养学生的创新意识和实践能力，满足社会对人才的需求。

其次，教育改革的推进也是推动科学教育观念转变的重要因素。教育改革的目标是提高学生的综合素质和能力，培养学生的创新精神和实践能力。现代科学教育更加注重探究和实践能力的培养，这与教育改革的目标是一致的。同时，教育改革也提倡以学生为中心的教学方式，这与现代科学教育中的探究式学习方式也是相吻合的。

最后，科技发展的趋势也是推动科学教育观念转变的重要因素。随着科技的发展，人们对于自然现象的认识也在不断深入。现代科学教育更加注重探究和实践能力的培养，能够更好地培养学生的创新意识和实践能力，适应科技发展的趋势。

总之，科学教育观念的转变是由多种因素推动的。现代科学教育更加注重探究和实践能力的培养，能够更好地培养学生的创新意识和实践能力，满足社会对人才的需求。同时，教育改革也在不断推进，为科学教育的改革提供了政策支持和方向引导。在未来的发展中，我们还需要进一步探索科学教育的规律和方法，为培养具有创新精神和实践能力的人才做出更大的贡献。自上世纪中叶起，全球进入了教育理念重大变革的时期，以人为本、培养创新意识和实践能力的人才成为当代科学教育的核心价值。各国科学教育均强调从小培养儿童对周围世界的探究兴趣和需求，倡导以符合他们年龄特点的方式学习科学，并提倡科学课程贴近小学生的生活。

三、探究——科学教育的重要目标

在高科技时代，科学不再只是少数科学家的特权。作为现代社会的一个公民，面对日常生活中的各种问题，探究是有效的解决途径和方法。虽然学生的学习任务并非创造新的发现或发明，但他们仍需学会探究，才能在变化日益快速、竞争日益激烈的社会中成为一名合格的公民。

因此，科学教育应致力于将知识传授与科学探索过程相结合，鼓励学生像科学家那样探索和思考，积极参与科学探究，逐步形成对自然界的认识。素质教育将重点放在培养创新精神和实践能力上，发展学生自行探究的能力是开发学生的创造力，培养学生的创造精神，造就大批勇于改革、勇于探索、自强不息的创造型人才的必要条件。

四、探究——科学学习的核心内容

正如爱因斯坦所言："科学是探索意义的经历。"科学教育应将科学视为一个过程和实践，鼓励学生像科学家一样去探索大自然的奥秘，通过具体的实践活动，自主发现并掌握科学知识、技能和解决问题的方法。

在亲身实践的过程中，学生逐渐理解科学的本质，掌握科学探究的方法，并能够运用科学知识和技能解决实际问题。单纯依靠教师传授间接经验无法达到全面提高学生科学素质的效果。只有通过学生的亲身实践，才能获得真正的体验和理解。

小学科学课本涉及的结论性知识，如果采用死记硬背的方式，虽然短时间内可以完成，但学生无法真正领悟科学的内涵和价值。相反，通过探究性学习，学生不仅可以掌握科学知识，而且能够逐渐培养探究的态度和智慧品质。

在科学探究活动中，学生可以学会如何发现问题、提出假设、尝试解决问题的方法，形成实事求是、认真细致、独立探索、不怕困难、与人合作的科学态度和勇于开拓、勇于创新的科学精神。

因此，科学课的研究对象不是课本，而是自然界事物的科学知识。通过"科学探究"活动，学生可以结合科学知识与观察、推理和思维技能，主动获得对科学的理解。同时，通过参与解决问题、计划、决策、小组讨论和评价等活动，将所学的科学知识与其他渠道获得的科学知识联系起来，并应用到新的问题中去。

探究不仅是获得知识的手段，更是落实课程的内容和目标的重要途径。在科学教育中，应鼓励学生采用不同的方式进行探索，同时帮助他们学习科学知识和科学探究方法，培养他们开展探究和解决问题的能力。

五、探究——科学学习的核心途径

小学生常常对周围的事物和大自然的现象感到好奇、不解、迷惑，并充满探索欲望，对于未知的领域总想一探究竟。为了满足他们的这种需求，必须创建适当的教育环境并采取适当的教学方法。

科学教育应将探究作为主要的学习方式，使之成为科学学习的核心环节，让学生积极参与到科学探究的过程中，逐渐理解自然界的各种现象。对于学生在生活中亲身体验的事物所引发的实际问题，应采取探究的方式进行解决，这是科学教学的主要做法。我们应该尽可能地提供机会，让学生在其能力范围内进行科学探究，而教材只是教学的工具，教师在教学过程中需要进行创造性的转化，避免将科学教育变成"阅读科学书籍"的形式，而应引导学生通过观察、实验、科技活动等方式进行探究。

我校对科学教育较为重视，除了按课程标准开足科学课，还积极开展科技活动，组织科技兴趣小组，参加航模、地雷电子探测、小制作、电子拼装等各项竞赛，都取得了好成绩，学校先后荣获"全国青少年科普创新示范学校""泉州市小学科技活动实验校"荣誉称号。

学无止境，科学的探索也无止境。未来正在向我们招手，为了祖国科技的迅猛发展，要使我们的学生从小热爱科学，刻苦学习科学文化知识，掌握科技本领，将来成长为具有良好科学素质的建设者。

第五节 基于文化传承的探究性学习研究

——以"茶叶包装文化与创新"探究性学习为例

一、探究学习背景

在落实立德树人的根本任务、进一步深化课程改革的今天，我们的课堂要把以知识为本的教学转变为以核心素养为本的教学，把以讲授为中心的课堂转变为以学习为中心的课堂，必须大力推进教与学模式的改变。要真正实现教与学模式的改变，需要深刻理解人是如何学习的，回归学习的本质，回归对问题的探求。苏霍姆林斯基曾说："在人的心灵深处，都有一种根深蒂固的需要，就是希望自己是一个发现者、研究者、探索者，而在儿童的精神世界中，这种需要特别强烈。"小学生对周围世界有着与生俱来的探究兴趣和需要，强调用符合小学生年龄特点的方式学习。这就要求选择贴近小学生生活的研究课题，在教师的引导下开展探究式学习，整合不同学科的知识和方法，以系统的思维解决真实问题，建立各学科之间的有机联系，提高学生创造性解决问题的能力。

安溪是世界名茶铁观音的发源地，是中国乌龙茶之乡，拥有浓厚的茶文化底蕴。茶叶是家乡的特产，也是我县的主要产业之一，茶叶包装是茶产业的重要组成部分。随着经济与技术的发展，伴随着人民对日益增长的美好生活的需求，茶叶的包装也发生了巨大的变化。目前茶叶包装具有代表时代特色和社会进步的象征，由过去的散装纸包、塑料袋包、罐装，发展到了现在流行的高档精美礼品纸质盒（罐）装、铝箔精致小包装，琳琅满目、绚丽多彩。千姿百态的茶叶包装已成为茶文化的重要组成部分，它见证了经济、技术、文化、艺术的发展，也构成了城市商家的一道风景线。我校在科学创新探究方面有着多年的实践经验，学生对探究有浓厚的兴趣，这些都是开展本探究学习项目的有利条件。

茶叶包装融合了中华优秀传统文化的精髓，茶叶包装的不断创新更是融科学、数学、语文、美术等多学科为一体。我校充分开发利用地方课程资源，在基于人民生活需求和文化创新与发展的基础上，确定开展"茶叶包装文化与创新"的课题探究学习。

二、探究学习目标

（1）引导学生开展自主探究、合作交流的开放式学习活动。了解安溪铁观音茶叶包装的主要特征，能从包装材料、形状，颜色、规格等不同角度进行观察。通过观察、操作、计算自主发现规律，并能应用规律解决问题。

（2）通过参观、调查、访问等渠道，分析了解茶叶包装的发展与创新的文化。学会搜集、筛选、整理信息。学会合作，能用文字记录自己的研究收获、体会，提高习作表达与交流能力。

（3）通过引导学生利用废弃物品进行艺术再创造，设计有个性化的包装，展现学生的多元设计理念。使学生充分认识到"再生资源"的利用，进一步增强环境保护意识，激发学生热爱家乡的情感。

（4）通过跨学科的实践探究活动推进学生对自然、社会和自我之内在联系的整体认识与体验，发展学生的创新能力、实践能力以及良好的个性品质。

（5）转变教师的教育教学观念，提升教师的教育科研能力，积累跨学科活动的课程教育经验。

三、探究学习意义

小学生围绕一个课题开展探究性学习是一种任务激励性的学习方式，它打破了原先学生被动接受知识的状态，是以学生为中心设计项目活动计划，在活动中，教师更多的是学生的协作者，为学生提供一些大方向的指导，旨在让学生通过自身的实践和研究去学习知识、发现问题、解决问题。项目式的课题探究活动既能体现学科的特性与深度融合，又能培养学生的实践能力、探究意识、创新思维和团队合作精神，同时又能激发教师跨界学习的意识，开拓视野，克服职业倦怠。

四、课题的实施

（一）入项活动

1. 确定主题，组建团队

2021年3月18日，林校长亲自组织召开关于开展学生探究性学习的布置会议，会议由教研室主任林爱花主持，学校的部分学科骨干教师参加。会上，大家根据我校的实际确定开展学生探究学习活动的主题"茶叶包装文化与创新"，组建研究团队。

2. 讨论方法，设计流程

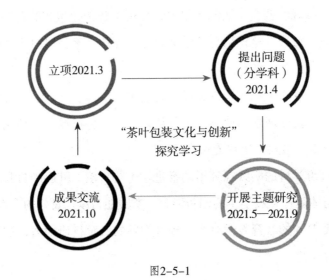

图2-5-1

3. 制订计划，确定方案

经过多次的讨论与修改，2021年4月研究组制订了以"如何设计一个既有创意又能体现家乡茶文化内涵的茶叶包装盒？"为任务驱动的"茶叶包装文化与创新"探究性学习研究方案。

（二）分阶段探究茶叶包装的创新与蕴含的文化价值

1. 开展茶叶"包装知多少"的探究活动，增强文化自信

中国是个产茶大国，茶叶是具有中国典型文化意义和文化形象的传统产品，茶文化更是内涵丰富，融入了中国传统文化的精髓。从茶文化的角度出发，研究茶叶包装设计，不仅可以提高包装的价值，而且可以弘扬茶文化。

语文组：组织探究小组的同学进行讨论，确定探究的问题：①我县茶史、茶事、茶的文学作品知多少？②我国的茶叶品种有哪些，不同茶叶包装有什么不同？③现代茶叶的包装应用的中国茶文化调查。

美术组：先引导学生从各方面了解茶叶包装盒海报设计的目的和意义，使学生逐渐明白学习设计茶叶包装盒海报的重要性，知道一幅好的包装设计海报不仅会让人感到舒心，给人赏心悦目的审美心理满足，激发消费者的购买欲望，还能提高商品的文化等附加价值。再组织学生确定研究的主题：①怎样从造型、图案、色彩方面设计体现中国茶叶的文化特点？②如何既能迎合消费者的需求，又使茶叶包装更具趣味性？

确定主题后，各辅导老师引导学生们以学习小组为单位制订、交流完善研究计划，明确分工，小组合作通过查阅书籍、市场调查、走访茶企业、茶商、茶文化博览馆和互联网搜索等渠道收集、分析信息，了解茶叶包装的发展与创新的文化，感受科技、经济、社会发展对我们生活的影响。通过研学，学生们发现不少设计者把国画、书法元素融入茶叶包装设计中，如福鼎白茶的包装融入了国画与书法，更显古朴，意境深远。而有的茶叶盒上再现各种茶叶优雅的形态和诱人的汤色，产茶地的高山峻岭、云雾缭绕、峰峦叠翠等名山好水，让学生们领悟到色彩的运用与搭配、造型设计与制作等可以美化生活，创造价值。

2. 了解分析常用的包装优缺点，发展高阶思维

2021年6月18日下午，在林校长带领下，研学组参观了怡鑫茶叶包装厂。立足科学学科特点和课题目标科学组提出研究问题：①现代科学技术下，茶叶包装盒是怎样设计制作的？②茶叶的包装盒用了哪些不同的材料？这些材料有什么功能？③不同的包装有哪些优势与不足？怎样的包装才是好的包装？大家带着几个问题分组观察、收集样本，不明白的地方就请教包装厂的技术人员。有来不及问的、拍照并在笔记本标注，待回家后继续通过观察、对比实验、比较、分析、查阅资料等方法弄清楚。孩子们在研究的基础上分析起问题有理有据，如子睿同学说："茶叶的外包装使用金属、陶瓷材料可以有效降低茶叶的破损率，还能有效地避免茶叶出现受潮的现象，而且它的密封性能极好，降低茶叶的氧化，但材料的成本高；塑料成形容器包装在于美观，但密封性不好，制作材料不容易降解，不能回收再次利用等。"

在一系列调查研究的基础上，孩子们对茶文化与包装有了较多的了解，他们更关注的是茶叶包装的实用功能与环保问题，也提出了许多数学问题，数学组的老师因势利导组织学生分析并确定研究的问题：

（1）哪些茶叶包装是必要的，哪些包装属于过度包装？

（2）如何用数学知识解决过度包装的问题？

在问题的驱动下，学生们把关注点放在包装盒的体积、容积、耗材是否合理与环保上。他们把收集来的包装通过动手拆装、测量、计算、剪贴等实际操作，运用观察、实验、比较、分析等方法发现的研究结果远远超出书本知识，如：

宇洋同学："起初，我认为包装材料的大小就是各个面的面积之和。拆开包装盒后我发现，其实面和面之间还需要连接呢，也需耗材，所以实际耗材要比各个面的面积之和大。"

子睿同学："为了节省包装，在设计包装时，充分利用盒内的空间做到物尽其用，尽量减少面和面之间的连接，可以降低包装成本。"

吴悦同学："通过比较不同的包装，我了解到瓶装、筒装、盒装、袋装存在着不同程度的空间浪费问题，我们可以根据需求进行相应的改进。"

在探究包装的学问活动中，学生们亲历了提出问题——设计研究方案——动手操作——收集信息——分析数据——得出结论——尝试创新等探究性学习的过程。在这个过程中，他们增长了知识，丰富了认知，学会了分工合作，提高了探究和解决问题的能力，促进了学生善于发现、勤于思考、乐于探索的良好学习习惯养成与核心素养的提高。

3. 设计制作一个有创意的茶叶包装盒，提高创造能力

学生们通过前期的学习，感受科技、经济、社会发展影响着我们的生活，体验到创新的魅力。这时，设计制作一个茶叶包装盒的想法特别强烈。2021年7月2日课题组从学生的学习需求出发，再次召开会议，就"如何针对前期发现的茶叶包装设计不合理因素进行改进，设计一个有创意的茶叶包装盒？"展开激烈的讨论，学生自由组合成两个组，每个组确定一个茶叶包装的改进项目，利用假期自主完成。两个组的辅导老师负责线上组织方案的设计指导和技术的帮助，期待9月能有更多的惊喜。

五、研究成果

（一）理论层面的积淀

1. 转变师生教与学的行为，倡导自主学习

教师行为发生了改变，由一向是教师唱主角变为教师和学生处在同一个平台上共同参与研究。经过学习、研讨、交流，辅导组教师认识到自己是学习活动中的组织者、引导者、参与者，只有把主动权还给学生，让学生在体验、感悟、交流、合作的氛围中获取知识，才能真正体现学生是学习的主人，才能焕发出学习的主动性。

学生行为也发生了变化。在研究过程中，由教师的讲授式变为学生自主、合作、探究的研究性学习方式，变为师生间、生生间的互动式。表现在学生动手的机会多了，参与的机会多了，合作的机会多了，表现的机会多了，成功的机会多了。学生的个性培养得到了重视，学习兴趣提高了。

2. 提升茶文化内涵的认识，培养文化自信

通过开展《茶叶包装文化与创新》的探究性学习活动，师生对传统文化——茶文化的历史和内涵有了全新的认识。明确了从茶文化的角度出发研究茶叶包装设计的方法，不但可以增加茶叶商品的附加值，创造更高的经济效益；而且可以通过茶叶包装设计弘扬茶文化，给茶文化注入新鲜的血液。

3. 探索探究性学习的教学模式，发展核心素养

探究性学习强调在问题的驱动下开展自主研学活动，经过一学期的探索，我们初步建构出了指导学生开展探究性学习的基本模式："提出问题——设计方案——实践探索——收集信息——分析数据——得出结论——尝试创新——展示成果。"引导学生以项目研究为核心，提出自己感兴趣的问题，在教师的指导下综合运用各种学习手段，通过小组合作开展学习，解决问题。

（二）实践层面的成效

在研究性学习过程中，学生发现问题、提出问题的能力得到培养，收集资料、分析资料、解决问题的能力都有一定提高。学生在研究性学习中既要从实际出发，认真探究，实事求是地求得结论，又要大胆想象，养成了不断追求的进取精神、严谨的科学态度、克服困难的意志品质，提高了学生的合作意识。孩子们收获满满，研究成果主要体现在：

（1）研学日志、手抄报。

（2）茶叶包装设计海报。

（3）茶叶包装电脑设计作品。

（4）茶叶包装作品。

六、改进与完善

（一）有待进一步改进的问题

（1）要进一步引领教师转变教学观念，促使他们更自觉地、创造性地投入到创新教学研究中。

（2）要再次完善评价标准，全面推进课程改革，使探究性学习更加卓越有成效。

（二）下阶段研究方向

（1）通过学科间的整合以及科教活动的延伸与拓展，拓宽学生学习渠道，使学生会自主学习、选择学习、独立学习、合作学习、创新学习，提升学生综合素养；提高教师的教育科研能力，促进学校、教师、学生的发展。

（2）加强课堂教学研究，探索构建任务驱动的创新教育体系，进行创新教育，使学生的创新思维品质得到训练，核心素养得到提高，创新能力和实践能力得到较好的发展。

（3）加强学生的生活体验与感悟，为学生的课堂学习打下坚实基础。以生活为切入口，创设学科课堂的创新教育情境，在学生的生活感知体验的基础上，激发学生对知识的探究欲，激发学生对已有生活的再思考、再学习。引导学生大胆质疑，另辟新径；强化"小制作、小发明、小实验、小革新、小创造"活动，促进学生将学习内容与生活实际相结合，培养学生的创新与实践操作能力。

第三章

打造有效课堂
发展核心素养

第一节　打造有效课堂，提高学生科学素养

　　小学科学课程是小学阶段一门综合性的基础型课程，以全面培养学生的科学素养为宗旨，承担对学生进行科学启蒙教育的任务。小学科学教学以科学探究为核心，遵循学生身心发展的特点，让学生经历探究过程，体验科学的本质，引领他们感受科学、体验科学，从而在科学态度、科学知识、科学探究方面都获得发展。

一、有效情境，激发学生学习兴趣

　　情境可以使学生产生身临其境之感。在教学中，教师展示各种情境，并引导学生观察、思考、发现、质疑，将会使学生产生强烈的探究欲望。科学探究是科学课堂教学的主要学习方式，一般要经历提出问题、做出假设、设计方案、收集证据和实验验证、交流表达等过程。科学探究是一种思维状态，更是一种在好奇心驱使下的心理倾向。因此，创设有利于学生发现问题、提出问题的情境，是探究活动得以开展的首要条件。创设情境的形式和手段也多种多样，如用自制学具展示情境、游戏表演体验情境、语言故事描述情境、猜谜竞赛强化情境等。但是，有时虽然教师花了极大的功夫创设了情境，但是学生通过情境却无法直接发现问题，从而无法进一步探究。这是因为在许多课堂教学中，存在着情境创设随意、低效的现象。

　　因此教学中情境的创设，应与教学中要探究的问题对应起来。首先，创设的情境要能使学生通过观察，产生具体的问题；其次，情境的创设开放度不能太大，应避免产生太多无法研究的问题；最后，情境的创设要符合学

生的经验水平，不能离学生的生活太远。因此，教师在教学中应根据学生潜在的认知指向和教学内容、方法，创设有效的问题情境，引导学生去感受，充分调动学生的学习兴趣，使学生在情境中不知不觉产生探究的欲望和动机。

如在教学《导体与绝缘体》时，教师利用自制"迷宫"学具创设游戏情境，让学生玩"探路"游戏，激发学生兴趣，学生在玩的过程中发现通过某几条路时，小电珠会亮，通过另一些路时小电珠却不亮，从而发现"有些材料能通电，有些材料不能通电"，并由此自然而然地引出探究的问题："哪些物体能让电通过？哪些物体不能让电通过呢？"他们由此产生了进一步探究、了解自己未知的知识的愿望和意向。因此，创设有效的教学情境可以诱发学生的求知欲，促使学生的好奇心和探求行为不断地从已经获得的知识重新指向对新知识的探求上来，从而形成持续的指向学习任务的学习动机。

二、有效提问，启发学生积极思维

提问是课堂教学中最有效的师生沟通手段，是教学成功的基础之一。在注重科学知识传授的传统教学中，提问不仅是对学生的检查和诊断，更应该是教师对学生学习活动的支持行为。教师可以通过提问向学生提示重点，强化各教学活动间的逻辑关系，拓展学生的学习空间，启发学生的思维。

教师在课堂中提出的问题，首先要准确，即问题要用词准确，语言清楚，要使用与学生语言能力相当的词。如《物体的沉浮》一课的教学中，教师提出："影响物体沉浮的因素有哪些？"学生通常无法理解问题的含义，因为他们无法理解"因素"这个词的意思。其次，问题要具体，即问题的指向性应明确，不应模棱两可，容纳的概念太多。如在《溶解》的教学中，教师常常要求学生将盐、沙等物体放入水中搅拌，并提问："你们发现了什么？"此问题的指向性就不明确，学生常常会答非所问。因此，此处的问题应尽可能明确，如："仔细观察，食盐、沙等物体的颗粒发生了什么变化？"这样学生就能直接把注意力集中在探究的核心问题上，将大大节省教学时间。最后，问题要有启发性，即问题要能引起学生的认知冲突，启发学生思考。这就要求教师精心地设计问题,使提出的问题有一定难度,但又处于学生的最近发展区,这样的问题才能最大限度地激发学生思维,同时使学生的思维达到一定的强度。

三、有效预设,引导学生有效生成

传统的科学教学中,教师是课堂的绝对权威,任何活动都是在教师的控制下,包括观察、实验、记录、交流、讨论等,都严格按照教师的教案执行,这样的教学行为有积极的一面,大多数活动的要求能让全部学生明确,活动不容易"乱",不容易出现教师难以掌控的局面,比较容易达成知识目标。但是带来的消极面更大,会极大地禁锢学生的创新精神和思维能力,学生的科学态度、科学探究能力、科学精神方面的培养目标无法达成,严重阻碍学生科学素养的养成。课堂教学是一种有目的、有意识的教学活动,为保证课堂教学达到基本要求、完成教学目标,教师在课前必须对教学目的、教学内容、教学过程及教学方法整体安排。因此,可以说预设是课堂教学的基础,充分的预设是教学成功的保证。叶澜老师说过:"教师只要思想上真正顾及了学生多方面的成长、顾及了生命活动的多面性和师生共同活动中多种组合和发展方式的可能性,就能发现课堂教学具有生成性的特征。"所谓"动态生成式教学",是指课堂中不能机械地按原先确定的一种思路教学,而应根据学生学习的情况,由教师灵活地调整,生成新的超出原计划的教学流程,使课堂处在动态和不断生成的过程中,以满足学生自主学习的要求。

因此,笔者认为小学科学教学不但需要预设,而且还应该充分进行预设,尽可能多地考虑教学内容、教学活动间的逻辑关系,尽可能多地关注学生的经验水平,尽可能多地设想学生在教学中可能出现的困难和思维障碍。这样才能做到心中有数,才能在教学过程中灵活应对各种"生成"。"预设"是"生成"的基础,"生成"是"预设"的提高,而且通过"预设",有些"生成"是可以预知的。

总之,科学素养的养成是个漫长的过程,是学生自我教育与探究实践的过程，是学生在科学探究中体验、思考、自我建构、发展逐渐积累和提高的过程。只有课堂教学"有效"了，才有可能使学生的科学态度、科学探究、科学知识方面获得发展，才有可能提升学生的科学素养。因此，我们必须树立全新的教学理念，掌握有效的教学策略，以理念来引领自己的教学行为，以"有效"的"教"来保证学生"有效"的"学"。

第二节　基于儿童认知　培养科学素养

——以《用手来测量》一课为例

小学科学课程培养目标中所要求的科学素养包括科学知识、科学思维、科学精神和科学品质。笔者以教科版一年级科学上册《用手来测量》一课的教学为例，探讨如何基于低年级儿童认知培养学生的科学素养。

一、问题驱动，激发探究兴趣

《用手来测量》一课探究重点是测量桌子的高度，即：能用纸条测量桌子的高度及能正确用拃测量纸条的长度。一年级的学生要一步完成这两个任务困难较大，教学时，我先让学生尝试着用"拃"来测量桌子的长度。测量后，学生发现由于测量的方法不同，测量的数据差别较大，脑海里就会产生这是怎么回事呢？为什么会这样呢？该怎么办？学生在这些问题的驱动下迫不及待地想了解怎样测量才能更准确。于是，我趁热打铁，组织学生通过演示、观察、比较、交流和补充，完善了测量的方法的认识。当学生会用拃测量桌子的长度之后，跃跃欲试地想进一步尝试测桌子的高度。这时，我大胆地放手让学生去尝试，学生在测量的过程中发现桌子的高度并没有像桌子的长度那么平整，直接用手测量有困难。学生们再一次处于似懂非懂的矛盾中，迫切希望找到解决问题的办法。我适时出示课前准备好的纸条及时追问："今天老师给大家准备了纸条，想一想有什么办法可以解决这个困难？"为了解决这一困难，他们就得动用前一节课用纸条来测量距离的经验，想到用纸条来测量桌子的高度。用纸条怎样测量呢？学生们在新的问题的驱动下积极地寻找解决的办法。

学生在教师的引导下化整为零，科学有效地把环环相扣的问题个个突破。体验到成功的乐趣，增强探究的成就感，科学探究的种子也埋在孩子的心中。

二、有效指导，培养观察能力

观察，是学生认知世界最直接最有效的方法。培养学生的观察能力是新课标对低年级科学教学的主要要求之一。一年级的学生好奇心强，对未知领域充满好奇，他们乐于观察，乐于表达，但他们观察没有明确的目的性，也比较随意，零散无序。因此，教学中教师要基于学生实际，指导他们运用各种感官，有目的有秩序、认真细致地观察。在探究过程中掌握科学观察的方法，提高科学观察的能力。如教学《用手来测量》一课，我是这样指导孩子们进行观察认识"拃"的：

师：请同学们伸出你的大拇指，再伸出你的中指，保持住。

学生按要求完成。

师：很好，这个手势科学上把它称作"拃"，拃可以作为测量工具来测量物体的长短。

师：一拃是从哪个手指到哪个手指间的距离？

生：大拇指到中指（或小指）之间的距离。

师：是的，拇指与中指（或小指）之间的最大距离是"一拃"。

师：张开你的拃，在桌上试一试自己的一拃有多长？

学生测自己一拃的长度。

师：和同桌比一比，谁的一拃更长？

学生认真仔细地比较，并注意到比较时要拇指对着拇指，中指对着中指。

师：再看一看，你的一拃和课桌的长度比，谁更长？

生：课桌更长。

师：那课桌到底有多长呢？如果用我们的拃来量会有几拃呢？

学生们通过看一看、测一测、比一比、量一量等有序的观察活动，不仅自主构建了"拃"的科学概念，而且掌握一些科学观察的方法，感受到了科学观察必须认真细致，为后续的科学学习打下良好的基础。

三、交流碰撞，发展科学思维

低年级的学生天真活泼，他们敢于并乐于表达自己的想法。这就要求我们在课堂上营造宽松的交流氛围，让学生们充分展现自己。由于每个学生的知识经验、思维方式、性格特点和兴趣爱好不同，他们在思考同一问题时，也会形成不同的看法。学生通过交流互动，会看到各种不同的理解和思路。在此过程中，学生可以厘清自己的思路，表达自己的见解，聆听他人的想法。

在教学"用拃测量桌子的长度"时，我先让学生尝试用拃测量，再引导学生交流质疑，最后达成共识。具体如下：

师：刚才大家都尝试着用拃来测量桌子的长度了，谁愿意给大家演示一下你是怎样测量的？

学生演示。测完一拃后，下一拃测量比较随意。

师：有不同意见吗？

生：我觉得在测一拃以后要做个记号，再接着测下一拃，不然会不准。

师：嗯，有道理，那你是怎样做记号的，可以给大家演示一下吗？

学生演示，测完一拃在终点位置用食指做记号，第二拃的起点从食指的终点开始。

一年级的学生会想到用手指来确定测量的起点与终点，在我看来已经很了不起了。这时，班里有个女生高高地举起小手说："老师，我有意见。"

师：好，那你说说。

生：用手指做记号，那手指的位置怎么办？

师：是啊，如果这样测，每次做记号时食指的位置就没有测到，测量的结果就不准确了，真是个严谨的孩子，奖你一颗智慧星。

师：用食指做记号，第二拃的起点该从哪儿开始？

生1：要从食指的前端开始。

生2：从食指靠近第一拃的地方开始。

师：你能上来给大家演示一下吗？

学生演示。

师：大家同意吗？

生：我觉得可以用笔在第一拃的终点画一条线做记号，是不是更好？

生：在一拃的终点用笔做记号，再从做记号的地方开始。

师：你来给大家演示一下，其他同学注意观察他每一拃的起点和终点。

学生演示。

师：像这样一拃连着一拃的测量叫首尾相连。我们在测量时就要做到首尾相连才能准确。

学生在交流过程中积极思考，大胆质疑，在质疑思辨的过程中学会相互接纳，学会反思和评判，产生思维的碰撞，相互促进、共同发展。

四、因势利导，培养合作意识

低年级学生有一定的动手操作能力，但动作不够协调，不能很好地完成复杂、细致的操作任务。这就需要他们通过合作互助来完成一些实验操作。可事实是学生们自我管理的意识较差，在共同完成一项任务时无法合理安排任务，以至于合作出现低效甚至无效的情况。教学"用纸条测量桌子高度有几拃"时，我根据一年级学生具有较强的模仿能力，这样引导学生看图交流，学会分工合作：

师：（出示教材中学生合作用纸条测量桌子高度的四幅图）请同学们认真观察，想一想图中的小朋友在干什么？

（学生看图、交流。）

师：他们先干什么？再干什么？接着干什么？最后干什么？

（学生交流，明白了测量的步骤：先用纸条量出桌子的高，再剪下多余的纸条，接着测量纸条有几拃，最后做好记录。）

师：（出示图四）看图思考：图中的小朋友一个在干什么，另一个在干什么？他们分别是怎样做的？如果我们也来做，你们准备怎么分工呢？同桌之间商量商量。

（小组交流并做好分工。）

这样通过在看图中模仿，在交流中强化分工与合作的意识，课堂上学生们有序而高效地完成了测量活动。

学生科学学习习惯的养成是一个长期的、连续性的过程，只要我们基于儿童的认知水平，通过课堂教学有计划、有目的的训练，就能在潜移默化中规范学生的学习行为，养成良好的科学学习习惯，提高科学素养。

参考文献

［1］梅云霞，陆军.核心素养背景下有关思维能力的几个基本理解［J］.中小学教师培训，2017（11）：39—42.

［2］黄海旺.小学科学教育中的科学思维及其培养策略［J］.湖北教育（科学课），2017（1）：8—10.

［3］宁灿英.看合作学习 谈有效交流［J］.教育实践与研究（A），2011（6）：43—46.

（本文系福建省教育科学"十三五"规划2017年度常规课题"创意科学教学策略研究"成果，课题批准号：FJJKXB17-226。）

第三节　以个性化的教学促学生发展

《义务教育科学课程标准（2022年版）》指出："每一个生活在科学技术高速发展时代的人，从小就明显地感受到科学技术所带来的种种影响。"因此，从小就必须注重培养学生良好的科学素养。小学科学课程是以培养学生的科学素养为宗旨的科学启蒙课程，如何进行科学课的教学，以发展学生的个性，开发他们的创造潜能呢？

一、转变教学观念——以"标准"为依据

科学课程的宗旨是培养学生的科学素养。科学学科不仅强调学生对知识、能力的发展，更注重学生对科学的热爱、对科学的情感、对科学的精神等科学品质的发展。

我们要进一步解放思想，冲出"以知识为本""以教师为中心"旧观念的束缚，树立"以学生的发展为本""以创新精神和实践能力为核心"的教育思想，树立"开放教学"的观念，满足学生创造性学习的需要；树立正确的教材观、学生观、教师观，让学生真正成为实验教学的主体。

（一）树立正确的师生观

心理学研究表明，人类有着本能的创新冲动。学生是科学学习的主体，教师是科学学习活动的组织者、引领者和亲密的伙伴，对学生在学习活动中的表现给予充分的理解和尊重，把自我发展的抉择权交给学生，鼓励学生大胆质疑与探索，以指导者、参与者、合作者的身份与学生一起经历科学探索的过程，在实践中发现问题、提出问题、研究问题、解决问题。

（二）创设良好的探究环境

探究的前提是自由。没有自由就无法展开想象，不能大胆假设，也就无所谓创新，因此我们应营造宽松、和谐、平等的课堂气氛，放手让学生观察、实验、探究，最大限度活跃学生的思维，充分发挥学生的想象力、创造力，真正把科学课变成学生创造、探究的天地。

二、拓宽探究时空——以生活为课堂

《义务教育科学课程标准（2022年版）》指出："作为科学课程学习主体的小学生，在面对纷繁复杂的科学世界时，会产生激情和兴趣。教师必须尊重学生的意愿，以开放的观念和心态，为他们营造一个宽松、和谐、民主、融洽的学习环境，引领他们到校园、家庭、社会、大自然中去学科学用科学。"

我们应打破科学课程的瓶颈，树立大课程观，将学生关注的一切都作为科学课程的实施途径和渠道，拓宽实施科学课程的时间和空间，引导学生把课堂上学习的探究方法带到生活中去发现、去探究。引领他们把课堂上学到的探究方法，应用到课外的研究中，把课堂想了解的却又无法实现的问题带到生活与自然中去探究、去解决，这样学生将在强烈求知欲的驱动下，自觉、自愿地投入到科学的探究中去，才能真正实现科学素养的提升，真正让学生卷入生活、融入科学。例如《反冲》一课结尾处，教师让学生带自制塑料瓶气压火箭模型，到室外放飞火箭。有的成功地飞上三层楼，学生欢呼起来，下课后，这一结果启迪了学生课外进一步探索的欲望：自制的火箭是运用什么原理飞起来的，不用塑料瓶制作可以吗？怎样才能使火箭飞得又远又高？学生带着许多想法，在课外自行探索、自行试制、自主创新。另外，我们还组织学生参加各种兴趣小组，如科技兴趣小组、环卫小组、种植小组、养殖小组等，使他们可以把自己所学的知识应用到各领域中，发挥他们的聪明才智，挥舞起创新的大旗。

三、整合探究内容——以学生为主体

《义务教育科学课程标准（2022年版）》指出："我们应该用教材教而不

是教教材。"即：要我们从学生的实际、从学校的实际出发，创造性地整合、安排教材中的内容；要拓展学生的信息渠道，不要拘泥于教科书上规定的教学内容。因为孩子眼中的科学世界永远是妙趣横生的，这就要求我们本着以人为本的原则，根据当地的自然情况和自然条件，灵活调整教学的顺序，收集探究的材料，真正实现科学地应用教材，促进学生的发展。

例如教学《月相的成因》一课，为了让学生能真正地了解到月相变化的规律，我提前两个月安排学生进行观察、记录一个月中同一时间的月相。这样经过两个月的观察，到真正上这一课时，学生根据自己观察到的情况进行分析月相的成因已是水到渠成了。又如教学《热辐射》一课，教材中比较黑白物体吸热能力的实验，因点明了实验方法，不利于学生自行探究和发展实验能力，加之学生在原有的生活经验中了解了深色物体吸收的太阳能多，如果本课还只是验证黑白物体的吸热能力，显得没有多大的提高。因此，教学时，我扩大了书上的实验范围，增加了红色、蓝色、黄色、银白色等材料，重点引导学生根据猜想选取材料，设计实验并验证，学生经过探究得出深色的物体比浅色的物体吸热快。

四、实行多元评价——以发展为目标

《义务教育科学课程标准（2022年版）》指出："要关注学习过程，关注学生的情感体验，在评价上要体现多元化，强调评价的促进功能。"

（一）评价主体多元化

评价的主体不仅是老师，还有学生和社会角色（家长、邻居等）。这就要求教师能为学生创造管理自己的学习并评价自己的成就的机会，还要充分考虑学生的自评、互评以及社会的评价，力求从多维度来公正客观地评价学生，从而使评价力求真正在增强学生信心、促进学生发展等方面发挥作用。

（二）评价内容全面化

《义务教育科学课程标准（2022年版）》明确指出："评价要涵盖科学素养各个方面的内容。"这意味着在评价学生时，不能只关注他们的学习成绩，而是要全面评估他们的科学素养，包括科学知识、科学方法、科学态度和科学精神等方面。因此，教师需要根据教材内容，结合学生的特点和本地环境条件，精心设计一些重在考查学生科学探究能力和情感与价值观的考核活动。

为了更好地开展这些活动，教师可以采取多种形式，如组织社会调查活动、指导学生制作科技作品、举办小论文比赛、办科普手抄报等。这些活动不仅可以帮助学生巩固所学知识，提高他们的实践能力和创新意识，还有助于培养他们的团队协作精神和社交能力。

通过这些活动，教师可以为学生搭建一个展示自己才能的舞台，充分挖掘和发展他们的各项智能。这有助于促进学生智能的协调发展，提高他们的整体素质。同时，这些活动还可以增强学生的社会责任感和环保意识，培养他们热爱科学、崇尚科学的情感和价值观。

（三）评价方式灵活化

根据《义务教育科学课程标准（2022年版）》的理念，凡是能促进学生科学素养形成的科学评价方法都是可行的，评价方式应灵活机动，如自评、他评、互评、小组评价、全班评价、阶段评价、单项评价、综合评价等。

（四）评价时机全程化

一个科学的评价体系，应采用全程跟踪评价，做到即时、即地、即兴，无论在课堂教学中还是课外实践活动；无论在校内，还是校外；无论是在有意识的活动中，还是在无意识的活动中，教师都应抓住每一个考评学生的机会，全面反映学生实际的学习和发展情况。通过评价引起学生强烈的内心反响，从而带动起全体学生的学习激情。

第四节　在学习中创造　在创造中学习

《义务教育科学课程标准（2022年版）》强调，"科学教学要培养学生的探究能力和创新精神，教师要更新教育理念，改进教学方法，探索科学教学改革的新路径、新方法，培养学生的创新意识和能力。"如何发挥科学课得天独厚的优势，在小学科学教学中培养学生的创新与实践的能力？

一、拓展思维——培养创新意识

创新是一种思维活动。皮亚杰曾指出："儿童在做的过程中所学到的知识远不如他们在思考做法时学到的多。"科学探究虽然强调动手做，但更应强调动手前动脑。毕竟，真正的学习并非发生在学生的手上，而是发生在他们的脑袋里。这包括强调学生在观察中的思考，对探究结果的猜测（假设），为后续探究制订计划，考虑变量的选择和控制，对获得的数据进行整理和分析，在与同伴的对话和交流中相互质疑和评价，反思自己的预设，考虑可能的其他解释，最终得出结论和报告，并向其他人展示或陈述，等等。这一切，都是不仅要动手，更要动脑才能完成的。在科学教学的实践过程中，关注动手前的动脑，让学生"想好了再做"，是让学生形成科学态度和科学探究能力的关键。

在科学探究活动中，如果教师善于关注学生的思维，善于创设情境，制造悬念，激发矛盾，让学生的思维在争辩、质疑、困惑中撞击与触动，往往能使学生在一个个鲜活的探究活动中养成认真细致的观察习惯，增加思维的深度，拓宽思维的广度，提高思维的严密性，促进创新思维的发展。如在引导学生研究电磁铁的磁力大小时，学生对"电磁铁的磁力大小与什么因素有关"分别做出了不同的假设。有的认为线圈多，磁力就大；有的提出干电池个数越多，磁力就越大；还有的学生觉得铁钉越大，磁力也越大……对于学生的所思所言，我没有做出简单的评价，而是引导学生思考：究竟谁的猜想对呢？这时，学生不得不思考设计一个实验来验证自己的观点。

学生在设计实验研究电磁铁的磁力大小与线圈多少的关系时，必然会思考：哪些条件需要改变，哪些条件必须保持不变？在动手实验前，学生感到了这些思考的重要性与必要性。在考虑控制变量时，学生不仅想到了串联干电池的个数、铁钉、线圈的缠绕方法都要保持不变，甚至想到了最好每次多用新的电池，用电磁铁吸大头针的方法也要一致。学生在自己思维的碰撞中，潜移默化地掌握了对比实验方法，了解了它的基本特征，明确了实验的目的与注意细节。

二、凝聚智慧——提高创新能力

在课堂教学中，交流讨论融学生的听、说、思和教师的点拨、示范、评价于一体，是一个开放式、综合性的教学环节。由于每个学生的知识经验、思维方式、性格特点和兴趣爱好不同，他们在思考讨论同一问题时，自然会形成不同的看法。通过学生的交流互动，他们会看到各种不同的理解和思路。在此过程中，学生可以厘清自己的思路，表达自己的见解，聆听他人的想法，学会相互接纳与争辩，学会不断地对自己和他人的看法进行反思和评判。如五年级的《做个太阳能热水器》是一个典型的任务活动，教材只提供了任务的限制要求，对于采用什么材料、运用怎样的制作方法、小组内怎样展开活动并没有做明确的要求。这就给了学生们很大的创造空间。经过激烈的交流讨论，我们惊喜地发现，学生不仅能借鉴他人的方法，还能在他人的基础上有所创新。如有个小组受到其他小组用镜子反光的启发，就想到用多面镜子反光效果更好；还有一个小组想到如果把泡沫塑料也像盒子那样涂黑，不仅可以保温，也可以吸收到更多的光和热。学生的思维火花在交流、比较、相互学习中一次次地碰撞，在多元智慧的砥砺和碰撞中不断创新。

三、尝试创造——体验创新乐趣

教育家陶行知曾在《手脑相长》一文中指出："一个人要对社会有所贡献，一定要手与脑结成同盟，然后可以创造，可以发明。"也就是强调既要让学生用脑去想，又要动手去做。以培养小学生科学素养为宗旨的科学教育强调以学生参与的丰富多彩的活动为主要教学形式，通过这些活动的教学，可以让学生亲身体验一次科学发现、科学探究、科学创造的过程。为此，科学课上，我精心准备有结构的材料，引导学生像科学家那样"真刀实枪"地经历科学的形成过程。课后，我结合课堂教学内容组织学生开展小实验、小种植、小养殖、小制作、小调查等丰富多彩的富于创造性的科学实践活动，如在学生学习动物与环境的关系后，开展"探究蚯蚓的秘密"活动。学生通过实验观察、查阅资料对蚯蚓的生活习性有了全新的认识，多个学生发表了与蚯蚓有关的实验小论文；学习了指南针以后，学生就发明了带指南针的校徽，并荣获了泉州市青少年创新大赛二等奖；学习了植物的繁殖后，我就带领学生进行红薯的"直插、斜插、叶片密插"等多项对比实验，来研究红薯的扦插技术。这样打破时空的界限，利用课内课外相结合，让学生在学习中创造，在创造中学习，体验成功的乐趣，促进学生创造性思维和实践能力的发展。

总之，培养学生创新意识是时代赋予每一位教师的神圣职责，我们要以培养学生的创新意识为根本，大胆改革，勇于实践。善于采用灵活多变的教学方法，巧妙地安排新异有趣的实验，通过学生动手、动脑，激发学生的学习兴趣，让学生放飞思维，开拓创新。

第五节　在实验教学中以评价促发展

《基础教育课程改革纲要》指出："要建立促进学生全面发展的评价体系。评价不仅要关注学生的学习成绩，而且要发现和发展学生多方面的潜能，了解学生发展中的要求，帮助学生认识自我，建立自信。"传统的科学学习评价存在严重的片面性和随意性。从评价的目的看，过分强调甄别与选拔的功能，忽视改进激励功能；从评价的内容看，过分关注对结果的评价，忽视过程的评价；从评价的形式看，重视笔试，忽视了综合素质和全面发展的评价。学生基本处于被动的地位，自尊心、自信心得不到很好的保护，学习的积极性主动性得不到很好的发挥。我们应该自觉地将对评价的思考焦点集中在评价的促进作用和价值上——使学生初步形成评价与反思的意识。通过反思重新构建自己的理解，激活个人的智慧，使学习活动成为一种有目标、有策略的主体行为，提高学习的有效性。

如何在科学探究活动中充分发挥评价的反思功能，进一步引导学生在反思中进步，在反思中发展？下面就通过对《摆的研究》一课教学中如何发挥评价的反思功能、促进学生全面发展，谈几点粗浅体会。

表3-5-1

教学过程		评价重点
发现问题	1. 让学生学会测定15秒内摆摆动的次数。 a. 出示大屏幕温馨提示一，教师演示：把摆拉开一个角度，松手，数数。	本环节的评价重点侧重学生的参与程度。

续　表

教学过程	评价重点
发现问题 b. 教师与学生合作：测定讲台上的摆15秒内摆动的次数。教师同时指导，怎样减小误差。 c. 学生合作制作摆，并测定摆在15秒内摆动的次数。 d. 学生汇报。 2. 发现问题，做出假设。	1. 观察学生是否积极参与探究。 2. 是否大胆表达自己的观点。 3. 是否虚心倾听。 4. 是否对现象问题进行观察和思考。
提出假设 a. 为什么摆在相同的时间里，摆动会有快有慢呢？摆摆动的快慢究竟与什么有关呢？请同学们观察你们的摆，做出你们的猜测，在小组里交流。 b. 学生讨论，做出猜测。 c. 学生猜测，归结为摆的快慢与摆角的大小、摆锤的轻重、摆线的长短有关。	

在这一环节的教学中，教师除了积极创设有效的问题情境外，还要针对不同的认知水平的学生有意识地借助表现性评价，积极鼓励那些敢于表达自己意见的同学，关注那些没有进入"状态"的同学，引导他们虚心倾听别人的见解。同时，教师要有意识地组织学生分析情境资源，通过师生之间的配合，让没有进入"角色"的同学意识到认真分析资源对于提出本课研究的问题和假设的作用，反思自己已有的认知和经验，促进学生自身积极建立情境资源与自我认识之间的关系。

表3-5-2

教学过程	评价重点
设计实验方案 a.师：同学们，我们猜测摆的快慢跟这些因素有关，那果真是这样的吗？没有科学依据，猜测可能是正确的，也可能是错误的，那就让我们用实验来证明。你们小组觉得摆的快慢与哪种假设最有可能有关，就作为你们研究的课题，设计一下你们的实验该怎么来做，并记录下你们的方案。	一、从学生探究能力方面评价： 1. 是否有浓厚的探究欲望。 2. 是否有对问题进一步分析并运用分析事实展开实验设计的能力。 二、在学生讨论，设计方案时主要以小组互评的形式进行评价： 1. 是否能根据假设有效地提出实验设计方案。

教学过程		评价重点
设计实验方案	b. 学生讨论，设计方案。 c. 学生汇报方案，相互评点各组设计的实验方案是否科学，教师再提供参考意见，主要是怎样控制变量。	2. 是否有条理地表达自己的意见。 3. 是否能认真地倾听他人的意见。 4. 是否能够积极主动地接受小组分工并能与其他成员合作。 三、在汇报环节，以设计实验的科学程度、可行性进行评价： 1. 是否能根据假设进行设计实验。 2. 是否能科学地说明实验的步骤和方法。 3. 是否能明确实验的性质和实验的注意事项。 4. 是否能根据不同的实验设计对本组的实验进行改进和完善。

设计好实验方案才能保证实验操作的有效。教学中让学生自己来设计和点评实验方案，引导学生明确探究方案中要思考"问题、方法、科学性"。在小组讨论方案的环节中，通过小组评价让学生意识到小组讨论的核心是关注别人的方案有什么优点，别人的方案与自己的方案有哪些相同与不同，如何在彼此的方案中得到优化？在交流中反思，引导学生经历一个比较、内化的过程，即主动建构一次："下面就要进行探究了，用什么方法？"让学生由"隐隐约约"到"真真切切"，由感到悟。这样，无论是小组讨论前的质疑，还是小组讨论后的实验操作，学生对科学研究活动都会有一个清晰的认识，培养了他们考虑问题的全面性和思维的严密性。

表3-5-3

教学过程		评价重点
分析数据	a. 出示大屏幕温馨提示二。 b. 学生按照自己的实验方案，操作实验，填写记录单。（注意收集实验数据）	一、实验验证环节侧重于学生实验操作的评价和创造性的评价。
得出结论	c. 对收集到的实验数据进行整理分析。（先由小组对自己分析，再请2～3小组进行比较分析与归纳。）	1. 实验操作的过程是否清晰，有步骤。 2. 是否善于用不同的方法解决问题。 3. 小组是否做到了合理地分工合作。 4. 收集和整理信息的能力。

续 表

教学过程		评价重点
得出结论	d.汇报结果：摆的快慢只与摆线的长短有关，而且摆的线越长，摆得就越慢；摆的线越短，摆得就越快。	二、在汇报结果环节侧重对数据分析的思考。 1.是否能尝试用不同的方式分析和解读数据，对现象做出合理的解释。 2.能反思自己的探究过程，将探究结果与假设比较。 3.能根据数据分析并选择自己擅长的方式表达研究的结果。 4.能倾听和尊重其他同学的不同观点和评议。 5.能对研究过程和结果进行评议，并与他人交换意见。

学生按照自己的实验方案操作实验，填写记录单，再对收集到的实验数据进行整理分析，得出结论。在这个环节中，小组成员的分工与合作尤为突出，这就要求教师充分利用评价中的角色评价，如实验员主要负责实验操作，观察员的任务就是在辅助实验操作的基础上，帮助记录员完成实验记录单，实验记录员要及时收集实验数据。引导学生在潜移默化中反思：为什么每个小组的分工基本相同，可实验效果却有较大的区别？从而明白在小组分工中，组长可以结合每一个学生的优势合理安排，同时每个成员应该结合自己在本组的研究角色进行定位，发挥自己在小组合作中的最大价值。再一次让学生感到得出科学结论需要组内成员通力合作，还要全体同学的密切配合，明白搞研究时合作的重要性，要善于分工，善于合作。关注自己与他人的差距，不断地完善自己。

评价是为了促进反思，有反思，才会关注；有感悟，才有接纳；有接纳，才有拥有，才有可能去主动应用。学生在不断应用与内省中，才会实现跨越与升华。

第四章

开发课程资源
提高创新能力

第一节 巧用资源提高实验教学的有效性

《义务教育科学课程标准（2022年版）》中明确提出，小学科学课程是以培养科学素养为宗旨的科学启蒙课程。科学探究是科学学习的主要方式。亲身经历以探究为主的学习活动是学生学习科学的主要途径。向学生提供充分的科学探究机会，使他们在像科学家那样进行科学探究的过程中，体验学习科学的乐趣，提高科学探究能力，获取科学知识，形成尊重事实、善于质疑的科学态度，了解科学发展的历史，成为科学教学的主要方式。

要落实课程目标，课堂教学的实效性尤其重要。在科学课程的实际教学中，关键在于如何提高科学课堂中科学探究活动的实效性，使学生能够亲历真正意义上的科学探究活动。学生通过科学探究，能够初步发展自己的科学概念，提升科学素养。实施科学探究教学没有必要的器材设备犹如要做无米之炊，而现实中我们学校的仪器设备是十年前配备的自然仪器，已远远不能满足现在科学课教学的需要。这使得开展科学探究活动十分困难，但不开展又达不到课标要求，科学课程的实施就得不到落实。正所谓穷则思变，为了更好地落实课程标准，我只能变着法儿找"米"了。

一、挖掘资源，优化组合

虽然原有的设备不能完全满足现行教材的需要，但是还有一些仪器可以直接用于科学课的课堂。铁架台烧杯、弹簧测量计、天平、试管、风向标等仪器虽然不能完全满足课堂的需要，但可以通过现有仪器的重新组合来满足课堂需要，如教学《电和磁》单元时，我把"学实验盒"的电池盒、导线、小电珠与

"学实验盒"的指南针、磁铁、铁钉重新组合成"磁实验盒"，为学生探究活动提供了可能；教学《分离食盐与水》一课时，由于学校只有一个蒸发皿，远远不能满足分组实验的需要，我就利用已有的试管夹夹住金属汤匙的手柄来代替，装上盐溶液，用酒精灯进行加热得到盐晶体，取得很好的效果。这样既避免了现有资源的闲置浪费，又克服了因设备不足无法落实科学探究活动的困难，提高了科学课堂的实效。

二、变废为宝，一举多得

为满足学生探究活动的需求，我树立了一个基本理念：科学就在身边，生活中蕴藏着科学。因此，在力求做到用学生身边的材料来开展科学探究活动时，充分利用学生身边的用具、家庭物品、废旧材料等，满足学生探究活动的欲望。在仪器设备紧缺的情况下，留心周围有用的生活"垃圾"，如易拉罐、泡沫块、饮料瓶、滴流瓶、小药瓶、塑料吸管、薄铁片……把这些"垃圾"分类存放起来，使用时随时可得。有时看到这些不同形状、不同大小的"垃圾"，还会激起制作灵感。如在做大气压力实验时，学校没有马德堡半球，我就用两个方便挂钩做演示，将两个挂钩的"吸盘"合在一起，用手挤压排出中间的空气，两个挂钩便紧紧吸在一起，要拉开就觉得很费力。这种方法也很好地证明了大气有压力。在人教版小学科学第九册第6课《风》这篇课文中，指导学生认识风的成因，教材介绍的是用"风的形成演示箱"来做模拟实验，由于学校缺少"风的形成演示箱"，我想办法利用色拉油壶来代替，收到了满意的教学效果。另外，我不仅自己搜集"垃圾"，还鼓励学生搜集，并指导学生制作教具。平时我们丢掉一些垃圾：冰激凌盒子、可乐瓶、酸奶瓶、洗洁精瓶等，往往是自制教具的好材料。如制作简易太阳能热水器，研究影响热水器吸热因素所用的实验材料，都是学生利用废弃饮料瓶自制的；再如给可乐瓶加热后盖紧盖子，冷却后它们会瘪下去，以证明大气压力的存在；去掉瓶底座的大饮料瓶，底部成球形，可用来做不倒翁；冰激凌盒子、酸奶瓶、纸杯可用来做土电话；医用小药瓶可用来装种子标本；洗洁精瓶钻上孔可用来做反冲实验和水的压力实验等。平时我要当好"垃圾"管理员，有用的保存下来，有了足够多的制作材料，用起来就方便、省时多了。只要做个有心人，就能变废为宝，这样既丰富了科学课教学，又减少了污染，还可以节省一部分经费，可谓一举多得。

三、自制教具，妙笔生花

科学学习活动需要有足够的、效果良好的学习材料及仪器设备，这是开展科学探究的物质基础。由于经费有限，靠采购专门的仪器，一时难以做到。在学习材料及仪器设备不能满足学生科学课程探究需求时，教师自己制作教具成为最必要最有效的补充途径。我在2005年《科学课》杂志上看到有位老师制作了"鼓膜模拟实验装置"后，发现这位老师为了让学生看到"鼓膜"的振动，在铁筒前放一面镜子。受这篇文章的启发，教学《我们是怎样听到声音的》一课时，我利用一次性杯子、气球皮、棉线、泡沫屑、双面胶等材料，对课本上的实验进行了小小的改进：

先将一次性杯子从底部剪个直径约2厘米的小洞，模拟外耳道（如图4-1-1）；再把气球皮拉紧，用双面胶粘好模拟鼓膜（如图4-1-2）。

图4-1-1　　　　　　　　　　　　　图4-1-2

接着，我又把带有泡沫小球的棉线粘在杯子的边沿（小球模拟听小骨，棉线模拟连接内耳的物质，如图4-1-3）。最后，把适量的泡沫屑放在"鼓膜上"，把发声的物体对准杯底的小洞（如图4-1-4）。

图4-1-3　　　　　　　　　　　　　图4-1-4

当声波通过小洞进入杯里（模拟的外耳道）引起泡沫小球的振动，直观地证明了气球皮（鼓膜）在振动，进而观察连接泡沫小球的棉线在小球的作用下也跟着振动。同时，还能观察到声音的强弱引起鼓膜振动的不同。

这样，通过一个简单的实验，就能把我们是怎样听到声音的过程形象地展现在学生面前。课堂上学生兴趣盎然，兴致勃勃地参与学习过程。在浓厚兴趣的驱使下，学生主动获取新知，取代了教师滔滔不绝的讲解，收到了事半功倍的效果。

又如教科版小学科学五年级上册第二单元的《怎样得到更多的光和热》一课中，有关于探究"物体的颜色与吸热本领的关系"的实验。教材中是做几个不同颜色的纸袋，装上温度计后放置在阳光下进行比较。在实际教学中经常会碰到阴雨天气，不利于到室外进行实验。再加上我们学校一进入秋季，下午第二节课操场上就晒不到阳光了，因此，我利用温度计、硬纸板、铁架台、灯泡、各种颜色的小纸袋设计了如图4-1-5（所示）的装置，用白炽灯代替太阳，把不同颜色的小纸袋直接套在温度计上。在这个对比实验中，只有套在温度计液泡处的纸袋颜色不同这个变量，同学们很容易从温度计上的温度变化得出颜色不同，吸热能力也不同的结论，使用起来方便、直观、形象。只要插上电源，点亮白炽灯，每隔几分钟观察记录4支温度计上的温度，就能比较出不同材料的吸热情况。如有需要观察其他材料的吸热能力，只需换上不同纸袋，如：①黑色卡纸与黑色蜡光纸；②白纸与铝箔纸……

此教具不仅取材容易，制作简单，适用范围广，不受天气和地理环境的限制，而且把温度计垂直挂着，可避免因学生拿纸袋的方法不同造成误差（如有时与地面垂直，有时与阳光垂直，有时水平等），操作更方便，数据更可靠。

图4-1-5

四、自备材料，事半功倍

鼓励学生自己准备探究材料，能让学生准备的材料教师不准备。实践表明，在平时教学中由教师统一准备材料，量太大，内容又统得过于死板。教师有时为了省时，也就演示一下实验完事，或干脆将做实验变为讲实验，其实让学生参与实验设计与材料准备，不仅可以减轻教师的工作量，还可以保证实验顺利进行，而且有利于发挥学生主体性，有时还能使实验设计更完善，取得一举多得的效果。如教学《简单电路》，课前要求学生自行研究有几种方法使小灯泡发亮。学生通过课前准备，会产生一些感性认识，再回到课堂上来研究，就能取得事半功倍的效果。教学食物营养单元的《检验食物中是否有淀粉》时，让学生自己准备两到三样的食物，由于人数多，带来的食物也多样化，使得汇报时学生共享的资源就更丰富了。这是教师一人准备材料时所不能及的。

　　总之，在科学教学的过程中，灵活恰当地利用现有仪器并自制一些教具，不失时机地为学生创造学习条件，不仅可以最大可能地挖掘仪器的潜在作用，改变实验室投资大、利用率低的局面，而且能大大促进学生各方面能力的发展。实现科学探究的有效性，提高科学课程目标落实的实效性。

第二节 利用有效教学资源 提高环保教育实效

《义务教育科学课程标准（2022年版）》指出："要培养学生对资源和环境的责任心，对维护环境的可持续性表现出责任感，对个人行为产生的环境污染更有意识表现出采取行动保护自然资源的意愿。"为提高科学课的环保教育实效，我们做了如下尝试。

一、挖掘教材内涵，渗透环保教育

（一）立足科学教材资源

科学教材中蕴含了较丰富的环境教育内容，以教科版三年级上册为例：第一章《植物》、第二章《动物》、第三章《我们周围的环境》、第四章《水和空气》中可进行环保教育渗透的内容很多，需要我们一线教师进行深入挖掘。环保教材挖掘和运用过程中，必须针对学生的知识水平，选择好教学与环保教育的最佳结合点，及时捕捉契机，完成环保教育。例如在《植物》单元中，我结合《校园的大树》一课教学，教育学生植物也是有生命的，我们不能伤害它，在观察时不要随便采摘新鲜的树叶、树枝，不要用力地摇晃树干，不要在树皮上刻画等，进而引导学生要爱护花草树木。在《动物》单元中，引导学生观察时尽量不伤害小动物，观察完动物要把小动物放回家，不破坏动物的生活环境。在《材料》单元中，重点教育学生节约能源，做到可回收利用的，绝不随便扔掉。在《水和空气》单元中，介绍水资源是紧缺的资源，我们要节约用水。课前让学生调查了解一天中自己刷牙、洗脸、洗澡、吃饭等用了多少水；一天中家庭的用水量；哪些水是可以节约的……在课堂教学过程中，我还应用多媒体技术把身边一些触目惊心的水污染照片和生态环境被严重破坏的图片展示给学生，让他们身临其中，感受环境污染和生态平衡破坏带来的潜在危险。课后鼓励学生在家、在社区宣传节约用水的好处，并举行节水小明星的评选活动，大大激发学生保护环境的责任感。

（二）开发校本教材资源

为了更好地落实科学课的环保教育，2012年夏，我们依托《科学》教材、《综合实践活动》教材，融合儿童身边的一些资源，开发一套集趣味性、活动性、创新性和实践性于一体的校本教材《创新与实践》。本着让学生通过调查与探索、观察与实验、设计与制作、创新与发明等一系列活动，了解身边的环境问题，尝试提出解决问题的建议，并用自己的行动来实现绿色环保的生活理念。如让学生通过调查研究《校园的噪音防范》，了解噪音也是现在社会很严重的环境污染源，它会对人类的生活工作甚至身心健康带来很严重的危害，进而提倡孩子在校园、在公共场合要做个文明的小公民，尽量远离噪音的污染，健康成长。通过"矿泉水瓶的利用""变废为宝""自制手提袋""自制编钟"等设计制作活动，提高学生的废物再利用意识。通过开展"茶叶的妙用""身边的小鸟与环境""饲养蚯蚓"等观察研究活动，了解身边的环境问题，提高环保意识。

二、借力科学探究，提高环保意识

（一）开展绿色探究

实验是科学教学的重要组成部分，其功能不但能促进学生对学科知识的掌握，提高动手能力，培养创新能力，同时也包含环境教育的重要情感目标，其效果较课堂教学更具直观性和实效性。因此，不论是教师在自己做或指导学生做实验时，都可以切身实地地进行环境教育。例如在做观察植物的叶时，收集的叶子是植物的落叶，观察比较水的多少时尽量用较少的水，比较完的水收集起来等其他班做实验时再用，观察油菜花时到植株上观察，不随意采摘。实验结束后，对实验废液、废物不能乱倒乱扔，应倒入废液缸中或放到指定地点。这样做既保护了环境，更重要的是让学生从一点一滴做起，养成保护环境的良好习惯。

（二）自制环保教具

科学学习活动需要有足够的、效果良好的和安全的学习材料及仪器设备，这就要求我们创造必要的条件满足教学需求，提倡因地制宜、因陋就简、自制教具，师生共同准备材料。我经常和学生们创造性地开发和利用废弃的材料制作教具，如看到有位老师制作了"鼓膜模拟实验装置"后，发现这位老师为了让学生看到"鼓膜"的振动，在铁筒前放一面镜子。受这篇文章的启发，我做了一个支架把铁筒支起来，并从支架上支出一面镜子，在"鼓膜"正中安装一个小灯泡，利用铁筒安装一个简单的电路，把废弃贺卡上的音乐芯片连接在电路中。当"鼓膜"振动时，音乐响起，小灯泡亮起来，从镜子上也能看见"鼓膜"的振动。这样不仅引发了学生的兴趣，还清晰地看到"鼓膜"的振动，而且激发了学生废物再利用的欲望。

（三）引领科技实践体验绿色生活

《义务教育科学课程标准（2022年版）》强调小学科学教育以学生参与的丰富多彩的活动为主要教学形式。通过这些活动的教学，可以让学生亲身体验一次科学发现、科学探究、科学创造的过程。为此，根据学校实际和科学探究的需要，我们开辟了科学绿色大课堂——"科技种植园"，为孩子们提供一个主动探索知识的平台。在这里，孩子们学会了播种、浇水、施肥，学会了使用锄头、铁锹等劳动工具，学会了根据菜叶上小虫留下的痕迹去寻找、捕捉小虫，学会了利用塑料袋、旧衣物扎稻草人驱赶偷食的小鸟。在这里，孩子们能利用课堂上学到的对比实验的方法，设计对照组和实验组进行对比实验，从而发现废弃的茶梗可以让芥菜、包菜、花菜、紫苏生长得更好；用稀释的辣椒水可以代替农药杀灭常见的粉虱、小蛾、菜青虫等；知道用废弃的芋头皮加淘米水，可以让葱长得更快更旺；吃剩的骨头经过加热、碾粉是一种很好的植物肥料。在这个充满生机的绿色课堂上，每一次劳动、每一次收获、每一次发现对于孩子们都是快乐的，幸福的。在这里，孩子们的知识增长了，观察、实验、推理、实践、创新的能力提高了，他们学会了分工合作，学会了坚持，锻炼了吃苦耐劳的劳动品德，感受到了知识的力量，了解了生态种植的意义，深刻体会到了"粒粒皆辛苦"的含义，增强了关爱大自然的情感，提高了环境保护意识。

第三节　"日食和月食"实验创新

一、实验教学目标

（一）教材分析

本课内容选自教科版小学科学六年级下册第三单元《宇宙》的第四课，由"日食"和"月食"两个部分组成，这是学生认识了月球和月相变化后的再学习。教材还设计了一个模拟日食的实验，探究日食的形成。

（二）学情分析

六年级的学生已经具备了一定的观察能力、自主探究能力、动手操作能力。在生活中，学生听说或观察过日食和月食现象，但是他们对日食和月食的具体成因概念还没有形成。

（三）教学目标

科学概念目标：

（1）日食和月食是日、地、月三个天体运动形成的天文现象。

（2）月球运行到太阳和地球中间，地球处于月影中时，因月球挡住了太阳照射到地球上的光，就形成了日食；而月食则是月球运行到地球的影子中，地球挡住了太阳射向月球的光。

科学探究目标：

（1）基于已获得的关于月球公转的认识和月球公转的模拟实验，继续通过模拟实验，大部分学生能够自己发现月球公转会发生日食和月食现象。

（2）继续通过日食和月食模拟实验，学生能够自己提出关于日食和月食的、自己在课堂上进行研究和解释的问题。通过自主模拟实验来回答、解释自己提出的这一系列问题，并利用月球公转的模拟实验去探究、认识日食和月食的成因。

（3）能根据日食和月食并不经常发生的事实，以及会出现不同种类日食和月食的事实，推断月球公转轨道的特点，初步构建月球运动的轨道模型，解释日食和月食并不经常发生的原因。

科学态度目标：

（1）能够有依据地大胆表达对日食和月食现象的更多想法与发现，并能把自己研究的结果用模拟实验、模型、示意图和语言等方法表达出来。

（2）能够产生对于诸如日食和月食等天文现象的兴趣。

科学、技术、社会与环境目标：

了解人类生活中日食和月食的成因及其变化规律对生产、生活的影响。

（四）教学重难点

本课的教学重点是：认识到日食和月食是太阳、地球、月球三个天体运动形成的天文现象。

教学难点：根据模拟实验中的现象进行逻辑推理，推测日食和月食的成因。

二、实验改进创新

改进1：给手电筒套上防光罩

<table>
<tr><td>教材中</td><td>改进后</td></tr>
</table>

手电筒强光　　　　　　　　套上防光罩的手电筒的光

图4-3-1

教材：用手电筒模拟太阳。不足：手电筒强光照射，影响学生视力。

改进：我给手电筒套上防光罩。优点：减弱强光照射，有利于孩子视力的保护。

改进2：教材中的"乒乓球"改为"支架+圆板"代替

教材中　　　　　　　　　　改进后

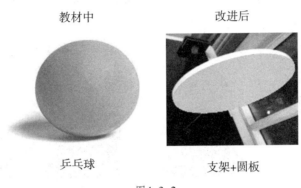

乒乓球　　　　　　　　支架+圆板

图4-3-2

教材中用乒乓球模拟地球，模拟日食时，存在三点不足：①让学生手拿着乒乓球，由于乒乓球体积较小，容易被手指挡住。②学生拿着，无固定，会上下晃动，不方便学生观察。③实验现象不明显。

改进后，我采用"支架+圆板"代替。优点：①支架固定，方便观察。②操作简单。③实验现象明显。

改进3：教材中的"玻璃球"改为黑白小球代替

教材中　　　　　　　　　改进后

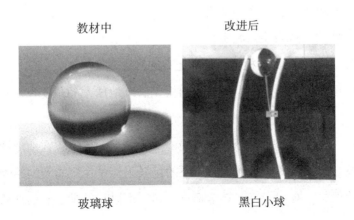

玻璃球　　　　　　　　黑白小球

图4-3-3

教材设计用玻璃球模拟月球，存在两点不足：①由于玻璃球是透明的，挡不住太阳光；②实验效果不明显。

改进后用黑白小球代替，观察日食用黑面，观察月食用白面。优点：操作简单，效果明显。

改进4：教材中的"三球仪"改为"支架+有标识圆板"代替

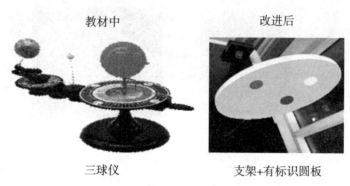

教材中　　　　　　　　　　　　改进后

三球仪　　　　　　　　　　　支架+有标识圆板

图4-3-4

实验教具三球仪虽然生动刻画了日、地、月之间的相对运动规律，但是它是让学生站在宇宙的角度观测现象，与实际情况不符合；我采用这块圆板代表地球的某个区域，上面是三个不同颜色的圆点标识，代表某一次日食时地球上的不同观测点。

优点：①以地球人视角观测日食现象。

②三个观测点更符合实际情况。

③模拟实验变成自主探究实验。

改进5：自制观测筒，模拟在地球上观测月食现象

在模拟月食实验中，原来的支架圆板无法以地球人的角度观测月食现象，经常造成学生从模拟实验中观察的现象到解释现象出现困难。

改进后：利用光的反射原理，自制一个观测筒。优点：在地球圆板上增加一个潜望镜，就可以模拟从地面看天空的场景，让学生更直观地感受在地球上观察月食的现象，有利于突破教学难点，同时可以帮助学生利用迁移、联结解决问题。

自制观测筒：

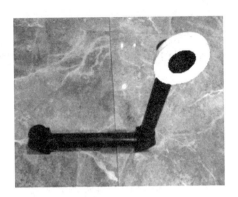

图4-3-5

改进后的装置演示：利用装置模拟日食实验、月食实验

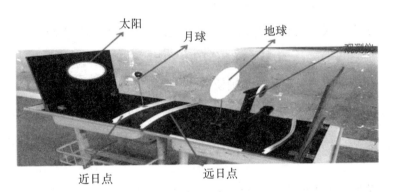

图4-3-6

　　模拟日食实验，月球运动到太阳和地球中间，当日、地、月处于一条直线的时候，地球上的学生就会看到日全食；当他在上下观测点看到的是日偏食现象；当月球运动到远地点时，地球上的学生在中心观测点看到的现象是日环食现象。

　　模拟月食实验，组装月食部分，为了让现象更明显，取下防光灯罩，加上背景板，放上观测筒，这是模拟的月球轨道。当月球运动到中间位置，当日、地、月处于同一条直线上，我们从这个观测口就能观测到月食现象。

三、教学过程设计

（一）情境导入，鼓励推想

（播放日、地、月三个天体运动的视频）月亮在绕着地球运动的同时，也被地球携带着绕太阳公转。在运行过程中，天体之间有时会发生一些有趣的天文现象，比如日食。大家观察过日食吗？知道日食是怎么发生的吗？

设计意图：通过对天体运动状态的提问，引导学生回顾太阳系中天体运行的知识。通过播放视频和进行提问，将话题聚焦到日食现象，对于是否观察过日食、日食原理的提问可以在一定程度上激发学生探究的欲望，同时调查学生的前概念。

（二）自主模拟，探究日食成因

（1）猜测：日食是怎样产生的？

（2）（出示实验材料）讨论：如何利用这些材料来模拟太阳、地球和月球的运动呢？

（3）利用微课，引导学生正确使用这个装置进行模拟实验。

（4）布置任务：指导学生分组活动，模拟日食的实验，并记录实验中观察到的现象。（教学提示：画出当月球处于远近不同的位置时所观察到的日食现象。）

设计意图：本课的重点活动是模拟日食的实验，引导学生画出当月球处于远近不同的位置时所观察到的日食现象，然后对日食现象进行解释。这样不仅有助于学生认识太阳系的组成和运行状态，而且有助于提升学生的思维能力和表达能力。

（三）交流研讨，构建概念

实验完成后，学生进行组间交流，分析日食的成因。

（四）由扶到放，探究月食的成因

在探究日食成因的基础上，引导学生利用这套装置探究月食的成因，分析月食的成因。

设计意图：在此环节中，教师不再过多引导，而是提供一幅月食成因的示意图，让学生自己去探究，从而得出结论，正所谓授之以鱼，不如授之以渔。通过这一过程，学生可以在观察推理中发现问题，在观察中增长知识，在动手中探究科学，在验证中收获喜悦。

（五）巩固应用，再现新知

（1）小组合作：一名学生口述日食和月食是怎样形成的，另一名同学画出日食和月食时太阳、地球、月球三个天体的相互位置图，并上黑板张贴示意图。

（2）质疑：关于日食和月食，你还有什么疑问？

设计意图：这个环节既巩固了新知，又锻炼了学生的动手能力，可谓一举两得。

（六）板书设计

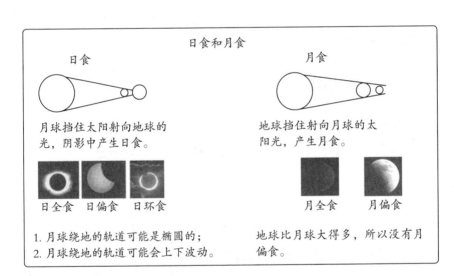

四、实验效果评价

本课实验教学的改进，有以下三个优点：

（1）装置合理。日月食模拟一体装置，方便学生观测日月食现象。

（2）探究有效。模拟实验转变为自主探究实验，调动学生的积极性。

（3）效果明显。把抽象现象具体化，提升课堂效果。

第四节　"浮力"实验创新

　　"浮力"是教科版小学科学五年级下册第一单元《沉和浮》的第五课。学生通过学习1～4课已经了解了构成物体的材料、重量、体积大小对沉浮的影响，感受到了浮力的存在。从本课开始，学生将对上浮的物体受到浮力的大小展开一系列的研究活动。

一、实验教学目标

科学概念：

（1）知道上浮物体在水中受到的浮力都可以用测力计测量。

（2）理解物体浸入水中的体积（排开的水量）越大，受到的浮力越大。

过程与方法：

（1）学会用弹簧测力计测量泡沫塑料块在水中受到的浮力的操作技能。

（2）运用浮力和重力的概念，解释物体在水中的沉浮。

情感态度价值观：

（1）懂得数据在分析解释现象过程中的重要性。

（2）通过改进实验材料，体验创新的乐趣。

教学重难点：

重点：测量泡沫塑料块的浮力。

难点：解释影响泡沫塑料块受到的浮力大小的因素。

二、实验内容设计

教材安排两个实验活动是一个有机的结构，两个实验活动体现了思维递进。"测量一块泡沫塑料块的浮力"主要是应用了上浮的物体受到"浮力=重力+拉力"的原理，通过想办法测量拉力的大小来测量浮力的大小，为了实现本课的教学目标，利用定滑轮能改变力的方向进行设计本实验：活动一意在指导学生学会利用一块泡沫塑料块浸入水中所受到的浮力大小的方法；活动二是在活动一的基础上进行测量比较、分析、发现不同大小的泡沫塑料块受到的浮力大小与排开的水量的关系，体现学生能力培养的发展过程。活动一学会测量一块泡沫塑料块的浮力是本次探究的重点。

三、实验方法设计

实验活动主要采用对比实验的方法进行教学，在实验过程中通过引导学生控制变量进行对比分析，采用由扶到放的教学方法，引导学生自主探究影响泡沫塑料块受到浮力大小的因素。

四、教学过程设计

教学过程主要包括以下三个环节：激趣导入，提出问题；合作探究，建构概念；学以致用，延续探究。

教学过程设计的思路：以学生亲自感受浮力、从生活中发现、提出问题——教师引导学生改进、创新实验器材，学会测量一块泡沫塑料块所受到的浮力大小，培养学生敢于创新的能力，再以小组合作自主设计实验方案，测量出大小不同的泡沫塑料块受到的浮力，让学生亲身经历知识的发生发展过程，最后运用所学知识解决问题为主线。这一设计培养了学生解决问题的能力，提高了动手操作能力，从而提升了科学素养。

（一）激趣导入，提出问题

一开始上课，我创设情境让学生感受：用手指按压浮在水面上的木块、泡沫塑料块……等物体受到一个向上的力，从而引出本课探究的内容——浮力。

引导学生提出问题：浮力有多大呢？该怎么测量呢？浮力的大小与什么因素有关呢？

（二）合作探究，建构概念

活动一：测量一块泡沫塑料块的浮力

要让五年级的学生自己设计实验，测量一块泡沫塑料块的浮力是比较困难的。因此，我先引导学生学习教材提供的测量方法，经过交流讨论，发现书本的测量方法存在以下不足：

（1）操作不方便：钩码用橡皮泥代替小滑轮也很难固定，市面上的橡皮泥大都会在水中融化，且棉线容易从钩子滑出，导致实验失败。

（2）自制有刻度的水槽比较麻烦，并且水槽太大，排开的水量不明显，难以观察，在教学实践中不能顺利进行，降低了课堂实验的效率。

因此，我对实验测量方法进行了改进与创新：

①用支架代替橡皮泥。

②用量杯代替水槽。

具体做法如下：

首先将两个定滑轮安装在木条上，做支架代替橡皮泥固定在水槽中——解决了固定滑轮难的问题（图4-4-1）。

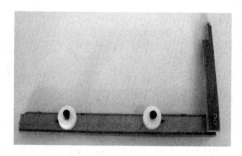

图4-4-1

并在滑轮旁钉上小铁钉，防止棉线脱落。

图4-4-2

再把棉线穿过滑轮，放入水槽中，用夹子固定住。

图4-4-3

最后把棉线的一端连接泡沫塑料块，另一端与测力计相连，测量泡沫块受到的拉力（图4-4-4）。

图4-4-4

以上是解决了固定滑轮难的问题。

为了解决测量泡沫塑料块排水量变化不明显的问题，我们是这样改进的：

首先在水槽的侧壁凿一个小洞，将笔盖装在小洞上作为导水管（图4-4-5）。

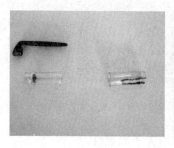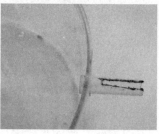

图4-4-5

再将水加到导水管口（图4-4-6）。

图4-4-6

最后泡沫塑料块浸入水中时，量杯就可以测出排开的水量（图4-4-7）。

图4-4-7

现在，我利用改装后的实验设备示范一遍。实验中，为了使测得的拉力更准确，拉线时，测力计尽量接近垂直状态。让我们一起看学生们的课堂操作。

从视频中可看到学生能轻松、准确地测量泡沫塑料块的浮力和观察出水中排开水量的多少。

针对个别小组收集的数据存在着较大误差的问题，我及时引导学生分析原因并寻找解决问题的方法。

孩子们通过对数据的收集、整理、分析，得出结论：浸入水中的体积越大，受到的浮力就越大.

活动二：测量不同大小的泡沫塑料块的浮力

有了实验一的铺垫、引导，实验二我放手让学生通过小组合作，经历了提出问题（大小不同的泡沫塑料块完全浸入水中受到的浮力相同吗？）、自主设计对比实验方案（实验中哪些条件不能改变，哪个条件要改变，准备怎么改变？）、小组动手实验、收集整理、分析数据、得出结论的科学探究过程。

两个实验活动从"扶"到"放"体现了教师的主导作用，充分发挥了学生学习的主动性和积极性。

（三）学以致用，延续探究

学生能运用所学知识解决问题："把泡沫塑料块压入水里，一松手，它为什么会上浮？"获得了新的知识、技能。爱因斯坦说过："提出一个问题往往比解决一个问题更重要。"我联系学生的生活实际，从学生身边的例子出发，如沉在水中的石块、铁块等物体，由此引发学生思考："下沉的物体是否也受到浮力影响呢？"让学生带着问题走出课堂，延续了学生探究的欲望，培养学生自主探究的习惯。

五、教学反思与自我评价

我在本节课创新实验操作中发现了存在的不足：首先是绳子绑住泡沫塑料块时难于找准泡沫塑料块的重心轴线，泡沫塑料块放入水中时，会造成倾斜，不便于操作；其次是导水管排开的水量受到水的表面张力的影响，也会存在着误差，这些有待于以后进一步改进。

我认为本节课的亮点有：①培养学生自主建构科学概念的能力：引导学生

经历提出问题——设计实验方案——动手实验——收集、整理、分析数据——
得出结论的科学探究过程。②引领学生学会创新使用实验器材：对实验器材的
改进和创新，使操作更方便、数据更准确，提高了课堂教学效率，培养了学生
的科学思维和创新能力。

第五节　"小苏打和白醋的变化"实验创新

一、教学分析

（一）教材分析

本节课选自教科版小学科学六年级下册第二单元《物质的变化》第四课，教材内容包括观察小苏打和白醋、观察小苏打和白醋混合后的变化、产生了什么气体。这三部分的内容在安排上环环相扣，让学生在观察中发现问题，并不断地进行新的探究活动。本节课在教材编排体系中处于承上启下的地位，是本单元第二课《物质发生了什么变化》的延伸，也为后面内容的学习做了铺垫。

（二）学情分析

六年级的学生已经具备了一定的观察能力、自主探究能力和动手操作能力。在生活中，他们对白醋的认识多一些，对小苏打的认识较少，对二者混合后产生的现象知道得更少。因此，没有经验的他们会对小苏打和白醋混合后的反应产生浓厚的探究兴趣。他们对常见的气体只停留在知道其名称，而对其性质（如不支持燃烧、比空气重等）并没有形成概念。

（三）教学目标

根据新课程标准的要求以及学生的实际认知水平，我从科学知识目标、科学探究目标、科学态度目标和社会与环境目标四个方面来制定本课的教学目标。

（1）科学知识目标：小苏打和白醋混合后发生化学变化，反应产生大量二氧化碳，液体温度降低。因为二氧化碳不支持燃烧，二氧化碳比空气重。

（2）科学探究目标：尝试利用观察、实验和阅读资料等方法论证小苏打和白醋混合后会生成新物质；完善对物质及变化的认识。

（3）科学态度目标：认识到只有足够的证据才能做出正确的判断，得出科学结论需要严密的科学推理和论证。

（4）社会与环境目标：意识到物质的变化与人类的生产生活有着紧密的联系，人类可以利用物质的变化解决生活中的许多问题。

（四）教学重难点

重点：观察小苏打和白醋混合后的变化以及探究所产生气体的性质。

难点：对实验的合理分析和论证总结。

二、实验创新

（一）实验原理

（1）小苏打和白醋混合后发生化学变化，反应产生大量二氧化碳，液体温度降低。

（2）二氧化碳不支持燃烧，二氧化碳比空气重。

（二）实验器材

透明饮料瓶1个、气球1个、输液管1条、温度传感器1个、长短不一的蜡烛两根、烧杯、一次性杯子。

（三）实验改进

实验一：观察小苏打和白醋

教材中：   改进后：

图4-5-1

小苏打和白醋的特点观察记录单：

表4-5-1

观察材料	特点（可用看、闻、摸等方法观察）
小苏打	
白醋	

优点：把小苏打倒在黑色的卡纸上，对比更加鲜明；把白醋倒入烧杯中，观察更清楚。实验记录单的设计更有指向性。

实验二：小苏打和白醋的混合

教材中：

图4-5-2

改进后：

图4-5-3

优点：

（1）材料简易、便于观察、可重复使用。

（2）实验现象明显。

（3）数字化监测温度，数据和实际结合更有说服力。

实验三：产生了什么气体

教材中：

往杯子里插入燃烧的细木条　　　把玻璃杯中的气体倒在蜡烛的火焰上

图4-5-4

改进后：

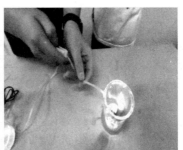

图4-5-5

优点：

（1）烧杯使检验时的气体更加集中，提升实验效率。

（2）使用一次性杯子能防止蜡烛油污染烧杯。

（3）输液管可以控制气体的流速。

（4）蜡烛从下往上依次熄灭，能证明该气体不支持燃烧，并且比同体积的空气重。

实验四：增补实验

这两个性质还不能说明小苏打和白醋混合后产生的气体就是二氧化碳。通过查阅资料，我们知道二氧化碳能使澄清的石灰水变浑浊。利用该性质，我们进行了增补实验。将前面实验生成的气体通入澄清的石灰水中，澄清的石灰水变浑浊了。

图4-5-6

三、教学过程

（一）开门见山提出问题

（1）回顾旧知。

（2）出示白醋和小苏打。

（3）问题："将白醋和小苏打混合后会有什么变化？"

设计意图：以开门见山的形式，巩固了旧知；通过提问，激发学生的探究欲望。

（二）分组实验聚焦问题

实验一：

组织学生分组观察小苏打和白醋，初步感知它们的特点。

实验二：

① 教师介绍"小苏打和白醋的混合装置"。

②教师提醒实验注意事项。

③学生进行实验，观察记录。

④学生汇报观察到的现象。

⑤聚焦问题：是什么气体让气球鼓起来？

设计意图：该环节让学生充分经历探究实验的过程，利用创新的实验装置提高实验效率，培养学生的创新意识，提升学生的科学探究能力。

（三）自主探究解决问题

实验：

（1）学生针对问题，提出猜想，结合教师提供的气体性质表，自行讨论实验方案。

（2）学生交流汇报实验方案。

（3）教师提醒实验注意事项。

（4）学生动手实验。

（5）交流汇报。

（6）小结：实验说明这种气体不同于空气，它不支持燃烧，比空气重。

设计意图：这是一个取证的过程，不是让学生简单地推理，而是让学生把实验现象作为证据进行合理的科学推理。培养学生使用科学证据的意识和提高学生科学推理的能力。

（四）增补实验明确结论

实验：

将前面实验生成的气体通入澄清的石灰水中，看到澄清的石灰水变浑浊了，明确小苏打和白醋混合后产生的气体就是二氧化碳。

设计意图：通过增补实验，让学生明白在做科学研究时，我们需要的是证据，而且证据越充分越好，不能够盲目地通过几个现象来轻易得出结论。

（五）总结提升课后拓展

（1）回顾：我们经历了怎样的学习过程来达成这种认识的？

（2）总结：本节课，你学到了什么？

（3）拓展：利用二氧化碳的性质，谈谈在生活中的运用。

设计意图：将课堂延伸到生活当中，让学生明白科学来源于生活，生活中处处有科学。

四、教学反思

本节课，我有以下三个创新点：

（1）理念新：融合了科学大概念教学、探究性教学，在教学中关注学生的生活经验。

（2）设计新：从优化实验到增补实验，从实验激趣导入到最后实验结论的得出，从实验猜想到实验验证，体现了教材创新，体现了科学探究的一般规律，符合学生的认知特点。

（3）装置新：尽量利用生活中的废弃物品进行二次利用，设计制作"小苏打和白醋的混合装置"，可以反复试验，使实验更高效、数据更精确，大大提升了实验效果。

第五章

"创意科学"
实践案例

第一节　"创意科学"在物质科学领域的实践

物质发生了什么变化

【核心概念】

物质的变化与化学反应

【学业内容与要求】

物质变化的特征

5～6年级：知道有些物质发生了变化，如纸燃烧、铁生锈等，构成物体的物质也发生了变化。

【教学分析】

本课是继前一节课观察了一些物质的变化之后，从更深入更科学的角度继续观察物质的变化，并且通过观察物质的变化，知道物理变化与化学变化的区别。本课由两个实验组成，一是"观察混合后的沙子和豆子的变化"；二是"观察加热白糖的变化"，通过实验引导学生用观察结果作为证据进行判断。这两个实验中，沙子和黄豆混合后没有明显变化，在加热白糖的过程中，先发生物理变化——白糖的溶化，随后发生了化学变化——白糖的炭化。学生就是通过这种"不变"与"变"来认识物理变化与化学变化。

【学情分析】

六年级的学生通过几年科学课的学习，已经逐步具备了一些观察能力、自主探究能力和动手操作能力。而本课主要接触沙子、黄豆与白糖，这是他们熟悉的物质，需引导学生运用已有的经验进行学习。

【教学目标】

科学概念：

1. 物质的变化可以划分为物理变化和化学变化两类，它们的区别在于是否产生了新的物质。

2. 一些物质在变化过程中，既发生物理变化，又发生化学变化。

科学思维：

通过观察比较，发现物质的变化划分为物理变化和化学变化。

探究实践：

1. 学习用蜡烛给白糖加热，知道一些化学实验中要有安全防范措施。

2. 体会运用证据的规则，寻找足够的证据证明有没有产生新的物质，即：证据越多，证明就越充分，结论也就越可靠。

态度责任：

1. 养成细心观察、及时记录的习惯。

2. 体会到在实验操作过程中，细致并实事求是地汇报观察到的现象，对于得出正确结论是重要的。

【教学重难点】

观察物理变化和化学变化过程，找出它们之间的区别：是否有新物质产生。

【教学准备】

记录纸、火柴、蜡烛、一把小铁勺、镊子、玻璃皿、白糖、搅拌棒、烧杯（装清水）、一张纸。

【教学过程】

（一）复习引入

在前面的学习中，我们知道物质是在不断变化的。有些物质有明显变化，如上节课学习的火柴的燃烧，而有些物质发生的变化却不明显，像三年级学习的沙和黄豆的混合就没有发生明显的变化。这次明显和不明显的变化，究竟是什么变化呢？今天我们就带着这个疑问来学习物质到底发生了什么变化。板书课题：《物质发生了什么变化》。

设计意图：教材第一部分观察；沙子和黄豆的混合是三年级观察探究过的内容，我只是以谈话的方式帮学生再现，使学生更直接进入今天探究的主题。

（二）观察加热白糖后的变化

要更好地观察加热白糖后的变化，你认为我们可以怎么做？

1. 观察预测

如果用火来加热白糖会怎样呢？把预测和实验前的白糖特点写下来。

2. 交流预测

设计意图：让学生自己说让白糖变化的方法，并进行变化现象的推测。推测时很多学生都根据自己的生活经验对白糖加热的变化现象进行推测，那白糖会像他们推测的那样发生变化吗，这将激起学生对推测进行探究验证的欲望。

3. 实验求证

（1）讲解实验要点。

用长柄金属汤匙取少量白糖，小心地移到蜡烛火焰上，慢慢加热。仔细观察白糖的点滴变化。实验完成后，小组交流并记录所观察到的现象，填在记录表"加热后的变化"一栏。

（2）实验过程中，你认为我们要注意些什么？

设计意图：学生对加热白糖可能出现的现象进行了预测，这时让学生用蜡烛给白糖加热，学生的积极性很高。在此基础上，让学生自己说实验中应注意的事项，教师再进行补充和强调，这样不仅使学生印象深刻，同时还明确了实验方法。

（3）学生实验。

实验、讨论、记录。实验结束，整理好材料。

4. 实验后研讨

白糖加热后发生变化了吗？发生了什么变化？

在加热白糖的过程中有这么多变化，那勺中留下的黑色物质还是白糖吗？

学生观察、比较。

问：这还是糖吗，为什么？有没有其他验证的方法？

通过刚才进一步的验证，我们知道了这黑色的物质不是糖，而是一种新的物质。除了这黑色的新物质外，在白糖加热的过程中还有新物质产生吗？

设计意图：让学生通过观察对比，发现黑色的物质和糖不一样了，再用溶解的方法让学生再次比较验证它不是糖了，从而又寻找到一个证据，再次验证证明白糖在加热后产生了新物质。在此基础上，让学生思考还有没有别的新物质产生，在大量证据的基础上给出化学变化的概念。这又一次让学生经历寻找证据的过程，通过证据得出结论，同时也培养了学生严谨的科学学习习惯。

小结：给出化学变化的概念。

（三）建立物理变化的概念

1. 判断

剪开的纸、压扁的易拉罐和折弯的铁丝。

这些变化是化学变化吗？为什么？

生说，师简要板书，给出物理变化的概念。

相对于化学变化，物理变化最大的特点是什么？

小结：我们根据是否有新物质的产生把物质变化分为物理变化和化学变化。

请大家打开书第29页，自由读最后一段。

设计意图：让学生在新情境下应用化学变化的特点来进行判断和分析，应用得是否正确，可以检测学生在上一环节学习中的概念建构是否牢固，这既是检测的过程，又是学习的过程。

2.应用

老师不小心把烧杯打碎了，杯子会有什么变化？水流出来了，是什么变化？水蒸发呢？你能举一些物理变化的例子吗？

3.物理变化和化学变化最本质的区别

设计意图：让学生说物理变化的例子，又以身边的物质变化为例，让学生进行判断，这个过程既引导学生关注生活中的变化现象，又是对学生概念掌握程度的一个检测。

（四）观察蜡烛燃烧的变化过程，了解物质的双重变化

在刚才的交流中，有同学说勺子的底部变黑了，这是什么原因呢？引到蜡烛燃烧的观察上。

那蜡烛燃烧又有什么变化呢？让我们再次点燃蜡烛来观察。

学生观察，记录。教师参与观察并指导。

交流：谁来说说你都观察到了蜡烛的哪些变化？

那蜡烛的变化，你认为是哪种变化呢？

蜡烛燃烧到底是哪种变化呢？逐个变化进行分析，得出在蜡烛的燃烧过程中，物理变化是伴随着化学变化进行的。

设计意图：本环节是进一步对物理变化和化学变化关系的探讨。通过学生观察记录蜡烛的变化和对变化过程的逐步分析，使学生对两个概念的建构和认识将更加深入和完善。

（五）课堂总结

通过学习，你对物质变化有哪些新的认识？

【板书设计】

物质发生了什么变化

没有新物质产生——物理变化

产生了新的物质——化学变化

安全提示：

1. 加热时，糖要少放一些，约占勺子的1/4；

2. 加热时用夹子固定好勺子，并用蜡烛外焰加热；

3. 加热过程中，眼睛不能离勺子太近；

4. 不能用手摸勺子加热的部分，小心烫手；

5. 加热结束后熄灭蜡烛，把勺子放进纸盒里，不要跟桌面直接接触。

附：

加热白糖变化记录表

年　　月　　日　　　　　　小组　记录

	加热前	加热后的变化
白糖		

【案例反思】

本节课的目的是让学生通过混合实验和加热糖的实验，观察实验中物质发生的变化，总结归纳物质变化的特点，建立物理变化和化学变化的概念。

用科学探究活动帮助学生建构科学概念是当前科学教育的核心任务，如果设计探究活动，如何引领学生建构科学概念，在教学前是我们需要仔细思考的问题。观察黄豆和沙子的特点，引领学生从多角度去观察事物的特征，混合事物过程中，指导学生学会留下样本，通过比较分析变化，同时利用搅拌、分离物质，做更进一步的观察比较，最后总结这个实验中物质变化的特点。

在第二个实验中，学生能够轻易说出白糖加热变化的特点，可以看到许多明显的现象，老师在引导时要逐渐让学生比较两个实验中物质变化的区别，同时对于最后的黑色物质和白糖进行比较，分析总结得出产生新的物质。从而在比较中掌握这种变化的特点，最后教师归纳形成科学概念。

科学概念初步形成后，还需要不断地进行验证和实践，因此让学生回顾实验中产生的其他现象，利用已经学到的科学概念，尝试解释实验中的现象发生了哪些变化，教师在这个过程中要准确引导学生分析实验中的现象，用概念来判断和解释，要抓住主要的变化特点进行鉴别。

更进一步地思考：教材中利用简单的两个实验，是否就能让学生牢牢建立物理和化学变化的概念？混合分离实验中，我们也可以看到明显的变化（包括物质颜色、透明度、光泽等），这种变化对于学生解释后面白糖变化时会有所误导，学生很容易认为颜色、形状、有气味产生就是化学变化。教学前，能否举一些生活中的各种物质变化的现象，让学生尝试解释这些现象，然后再进入课堂学习。并且，由于白糖和蜡烛以及金属勺都在同时发生化学变化，学生在观察过程中难免会不全面，也影响对于概念的理解。

疑问：物理变化和化学变化在传统教材中需要到初中才会学习，让小学生学习这样难度教材的内容是否符合小学生的认知基础？仅凭借教材中混合分离和加热白糖、蜡烛燃烧的实验，能否让学生建立物理变化和化学变化的准确概念？还有哪些适合的实验可以代替教材中的实验，能够让学生更好地形成科学概念？毕竟加热白糖的实验涉及白糖的变化和蜡烛燃烧的变化，学生全面观察的难度比较大，而让学生马上利用刚学的概念来解释物质变化的现象有一定难度，效果也不一定会好。

制作钟摆

【核心概念】

工程设计与物化

【学习内容与要求】

工程是设计方案物化的结果。

5~6年级：利用工具制作简单的实物模型，根据实际反馈结果进行改进并展示。

【教材简析】

本课是五年级上册《计量时间》单元的第6课。在上一课的教学中，学生通过研究已经发现，摆的摆动快慢与摆绳长短有关。摆绳越长，摆动就越慢；摆绳越短，摆动就越快。但是教科书又为学生的研究设置了新问题，机械摆钟里的钟摆每分钟摆动60次，如果要制作一个1分钟正好摆动60次的摆，该怎样来制作呢？

在本课中，学生将用调节摆绳长度的方法来调节摆的快慢。经过本课的研究，学生将能够更好地理解钟摆，并学会用较短的时间、较少的次数来控制钟摆的快慢。根据前面的学习基础，学生也将制作一个1分钟摆动60次的摆，也就是机械摆钟的钟摆。

【学情分析】

在前面几课学习中，学生已经认识了摆的基本特点。本课需要学生设计制作一个1分钟正好摆动60次的摆，在制作的过程中，运用测量与比较的方法来研究摆的摆动快慢。学生在之前的科学学习中，已经具备了一定的分析与比较能力，并能进行简单预测，但如何用较短的时间、较少的次数成功制作钟摆，需要教师引导学生进行讨论，制订并完善小组的设计方案，然后实施制作与测试，学会控制钟摆的快慢。

【教学目标】

科学概念：通过回顾对摆的认识，知道摆的摆动快慢与摆绳长度有关，理解摆绳长度越长，摆动越慢，反之则越快。

科学思维：在调整摆绳长度时，用比较的方法能预测摆的摆动快慢。

探究实践：在真实的测量情境中，研究摆绳长度如何影响摆的摆动快慢，能较快地制作每分钟正好摆动60次的摆。

态度责任：在实践探究中，养成细心观察、准确测量的习惯，能对新问题的研究保持积极的探究欲望。

【教学重难点】

重点：运用所学的知识设计与制作1分钟正好摆动60次的摆。

难点：能运用测量与比较的方法来研究摆的摆动快慢，学会制作钟摆。

【教学准备】

1.学生实验准备：磁铁、直尺、铁架台、实验记录单、秒表（每组各一份）。

2.教师实验准备：摆锤长度不一样的摆各1个，钢尺、磁铁、秒表、课件。

【教学过程】

（一）复习铺垫，引入新知

（1）复习：摆的快慢与什么有关，与什么无关？

（2）揭题。

（二）合作探究，学习新知

1. 探究摆长对摆动快慢的影响

（1）研究摆长如何确定。

出示两个摆（如图5-1-1）。

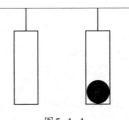

图5-1-1

设计意图：通过上节课的学习，学生初步认识到影响摆的摆动快慢的真正因素是摆长（既摆绳长度和摆锤长度之和）。本环节通过实验引起学生的认知冲突：摆长一样也就是摆绳长度和摆锤长度之和一样，只是一个摆加一块磁铁，另一个摆没有，为什么摆动的次数会不一样呢？难道摆长不是摆绳和摆锤的长度之和吗？从而激发学生进一步探究如何确定摆长的欲望。再引导学生通过观察两个摆的不同之处，讨论分析影响摆动速度的真正原因是：磁铁改变了摆锤的重心位置，从而进一步认识真正的摆长是从固定点到摆的重心的距离。

（2）研究摆长如何影响摆的摆动快慢。

① 提出问题：摆的摆动快慢到底和什么有关？有什么关系？

② 学生猜想。

③ 实验验证。

④ 汇报分析，得出结论。

小结：摆的摆动快慢与摆长有关，摆长越长摆动越慢，摆长越短摆动越快。

设计意图：本环节让学生经历"问题——猜想——验证——结论"的科学探究过程。使学生学会用测量与比较的方法研究摆的摆动快慢规律，认识到仔细观察、善于思考、准确测量、积极动手的重要性，体验与他人合作的乐趣和成功的喜悦。

2. 制作"钟摆"

（1）小组合作：做一个20秒摆动30次的钟摆。

（2）汇报展示成果。

设计意图：学习的最终目的就是运用，通过调节摆长做一个20秒摆动30次的钟摆，不仅使学生加深理解与巩固所学知识，而且培养学生综合运用知识的能力。

3. 回顾总结，内化新知

（1）回顾本节课的学习内容。

（2）总结本节课的学习方法。

设计意图："授之以鱼，不如授之以渔"，教学不仅要教给学生知识，更重要的是教给学生学习方法，通过引导学生对本节课的学习方法的总结，使学生掌握科学探究的方法，鼓励学生运用这种方法继续探索科学奥秘。

4. 拓展延伸，运用新知

作业：制作一个一分钟刚好摆60下的钟摆。

设计意图：把科学探究延伸到课外，老师不提供任何材料，让学生亲手选材、设计、制作钟摆，激发学生进一步探究科学的热情。另外，通过制作钟摆不仅巩固所学知识，而且为学生今后的学习做好铺垫。

【板书设计】

【案例反思】

《制作钟摆》是五年级上册《计量时间》单元的第6课，它是在研究了钟摆的摆动快慢与摆幅无关、与摆锤重量无关、与摆绳的长短有关的认知基础上，进一步研究钟摆的摆动快慢不仅与摆绳长短有关，还与摆锤的形状、摆锤上的重物的位置有关，也就是与摆长有关。但如何理解并向学生解释这个名词的含义，成为首先要解决的问题，也是本节课的关键所在。单摆的摆长是指摆绳固定点到摆锤重心间的长度。摆长通常分成两部分，摆线长度比较容易测量，而对于小学生来说，摆锤的重心是很难找到的。目前"重心"这个概念学生还没有感知过，所以用未来的知识来解释现在的现象是不可能的。所以我在课前做了一个折纸游戏，让学生对规则物体的重心有个模糊的认知，在课堂中我不要求学生找出摆的准确重心，而是通过移动磁铁的位置让学生知道摆的重心是上移还是下移等较模糊的界定。因此，我的教学流程设计是：理解摆长——知道随着摆的重心变化会改变摆长的长短——摆长的长短影响摆的快慢——调节摆长做一个符合要求的摆。整个流程通过引导学生经历观察、比较提出问题——对问题做出猜想——实验验证——得出结论——合理应用，让学生经历典型的探究过程。学生思维的推进是十分明显的：先是肯定摆动快慢与摆锤无关；紧接着又发现和摆锤的长短有关（摆锤越长，摆动越慢）；又通过相同长度的两个摆锤（一个在末端固定了金属片）的摆动快慢不一样的实验，意识到又和摆锤的长短不太有关，好像和摆锤上的重物有关。通过改变摆锤上重物的位置，影响了摆动快慢这一现象，认识到摆锤中重物离固定点越近，摆动越快。学生思维经历了肯定——否定——肯定——又否定——最后肯定地从现象到本质的过程。

在设计上，我对教材进行了一些处理：

（1）教材上的摆是用木头做的摆锤，在摆锤上加重物用的是易拉罐的盖子。而我改成了用"钢尺"作为"摆锤"，重物用的是"磁铁"。我的修改原因是在木头上加重物比较困难，而易拉罐的盖子作为重物来改变摆锤的重心，显然太轻了。使用磁铁作为重物来改变它的位置比较容易。

（2）教材上学生动手的实验应该有两个。第一个是没有重物的摆和有重物的摆的比较；第二个是重物在不同位置的三个摆。我将两个实验整合成一个实验，原因是我在做这两个实验的时候发现，第一个实验中的有重物的摆实际上就是第二个实验中重物加在30厘米处的摆，如果分两个实验来做，其实是把这个摆重复测了两次，把两个实验整合成一个实验，可以节省时间，这样使学生有更充足的时间可以进行实验前的方案设计与分析，实现动手前先动脑，从而提高学生设计对比实验的能力。

我们来做"热气球"

【核心概念】

物质的结构与性质

【学业内容与要求】

空气与水是重要的物质。

3~4年级：观察并描述空气受热上升的现象。

【教材分析】

本节课选自教科版小学科学三年级上册第六课。通过前面五课的学习，学生已经知道空气具有质量、能占据空间，还可以被压缩。本课从热气球的升降现象引发学生思考和讨论，并尝试根据自己的理解，用自己的语言有逻辑地解释热气球的升降现象。

聚焦板块通过观察热气球以及热气球加热上升的图片，思考热气球上升的原因并做出初步的解释。

探索板块，主要通过指导学生制作和放飞"热气球"，让学生对"热空气会上升"的现象形成感性认识，并通过研讨活动，让学生用自己的语言有逻辑地进行解释。本课实验现象所指向的物理概念是：空气受热膨胀，密度减小，导致热空气上升、冷空气下降。学生只需要通过简单的热气球模拟实验方法，对空气的这种物理性质有一个感性直观的认知，知道热空气会上升、空气变冷后会下降就可以了，不需要对相关的物理原理进行深入学习。

拓展板块，通过出示"孔明灯"的图片和视频，让学生解释其飞行的原理，对所学的知识加以巩固和应用。

本课还渗透了课程标准中有关"运动""热""物体的运动可以用位置、快慢和方向来描述"以及"热可以改变物体的状态，以不同方式传递，热是人们常见的一种能量表现形式"的内容。教师在进行教学设计时，需要对以上内容给予适当关注。

【学情分析】

热气球是生活中比较有趣的一个物件，三年级的学生对此很感兴趣，甚至有一些学生有过亲身体验，对热气球具有一定的认识，具备了了解"热气球是需要靠热才能升空"的这一前概念，但是对"热气球受热后是怎样飞起来的？"这一问题不能做出具体的解释，这正是本节课的着眼点。

【教学目标】

科学概念：知道空气受热后会膨胀变轻上升，变冷后又会降下来。

科学思维：能基于模拟放飞"热气球"中观察到的现象，合理分析并解释"热气球"的上升和下降的现象，及生活中类似的现象。

探究实践：组装"热气球"模型并进行自主探究，能运用绘画、书写、符号等形式进行设计和记录实验现象。

态度责任：关注孔明灯的飞行原理以及危害性，认同在一定条件下科学实验是可重复的，并发展探索物质世界的兴趣。

【教学重难点】

重点：尝试让"热气球"升空并在此过程中了解"热空气"的上升现象。

难点：用概括性的语言有逻辑地解释"热气球"升空及降落的现象。

【教学准备】

教师：铁架台4个，热源装置1套，塑料袋1个，学习评价单，教学课件及视频。每个小组：铁架台4个，塑料袋1个，酒精灯1个，学习评价单6张。

【学习评价设计】

表5-1-1

序号	评价目标	评价任务	评价标准	评价方式
1	能通过每个实验活动，观察并记录所产生的现象，并科学分析。	课上，有序组织实验活动，通过让各个小组进行自主合作探究，在每个实验活动中巧用图文结合的方式，充分借助学习评价单，做好观察记录。	水平一：能按要求做实验，但"热气球"飞不起来。 水平二：能按要求做实验并使"热气球"飞起来。 水平三：能按要求做实验并使"热气球"飞起来，然后有效科学推理。	根据学习评价单所记录的数据情况进行自评、互评、师评。
2	能通过分析获得的数据，归纳概括"空气受热后温度升高，体积膨胀上升"的科学现象。	课上，学生能运用图文结合的方式描述观察记录，并根据探究后获取的数据作为证据，分析推理、科学比较数据后发现热气球是怎样上升和下降的科学现象。	水平一：无法依据收集的数据，运用分析、比较、推理、概括等方法分析结果。 水平二：能够依据收集的数据，运用分析、比较、推理、概括等方法分析结果。 水平三：能够依据收集的数据，运用分析、比较、推理、概括等方法准确分析结果。	
3	能利用所学知识解决生活问题。	通过生活化的情境，让学生做出正确判断，并能合理解释。	水平一：能正确做出判断。 水平二：能正确做出判断并做出合理解释。	

【教学过程】

（一）激趣聚焦，揭示课题

（1）出示热气球升空的视频。聚焦：看了视频，你有什么问题想问的或者想知道的？请写在学习评价单上。

（2）板书课题——我们来做"热气球"

板书：探究：热气球是怎样上升和下降的？

设计意图：通过创设情境，直观观察，引出问题，并由此激发学生去探究热气球是怎样上升和下降的科学现象，从而调动学生学习内驱力，激活学生探究新知的欲望。

（二）实践探索，"热气球"升空的活动

活动一：了解热气球结构，组装实验装置，交流实验注意事项和安全保证。

讨论：①用什么模拟热气球的球囊合适呢？②实验中如何保证操作安全？

活动二：给模拟热气球加热，并进行观察记录。

实验与记录要求：

（1）用手触摸、用眼睛观察"球囊"加热前后的形状和温度变化。

（2）用画画加文字的方式记录实验现象，用"O"表示"球囊"中空气分子加热前后的不同。

思考：

"热气球"为什么会上升？为什么又会下降？

设计意图：通过创设情境，直观观察，引出问题，并由此激发学生去探究热气球是怎样上升和下降的科学现象。从而调动学生学习内驱力，激活学生探究新知的欲望。

（三）深化研讨，实验发现及解释

活动：讨论交流。

实验中，你观察到了哪些现象？通过这些现象，你有什么发现？

（1）结合实验和学习评价单上台分享发现。

（2）质疑引发再次实验，突破难点。

（3）出示微课动画演示热胀冷缩原理。

（4）总结梳理一起板书。

（四）拓展延伸，孔明灯飞行原理及危害的认识

（1）教师课件出示孔明灯图片，提问：为什么孔明灯飞行的时间会更长？

（2）教师课件播放视频——燃放孔明灯的危害，提问：谁再来说说你对孔明灯有什么新的认识？

（3）新知迁移应用。

设计意图： 注重贯彻"科学从生活中来，到生活中去"的教学思想，运用所学知识解释热气球升空的科学原理，达到学以致用的目的，同时也激励他们不断地去探究科学现象。

（五）反思评价，促进发展

（1）回顾总结。

（2）引导学生对学习评价单进行自评、互评。

（3）你还发现了哪些或存在哪些疑问？还有哪些是你想进一步了解的呢？

设计意图： 通过总结梳理和评价，让学生学会反思，发挥评价的诊断功能、激励作用和促进作用。

【板书设计】

我们来做"热气球"

探究：热气球是怎样上升和下降的？

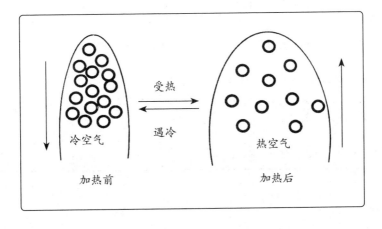

附：

《我们来做"热气球"》学习评价单

班级：　　　姓名：　　　年　月　日

项目	内容	评价		
		自评	互评	师评
观察思考	画一画球囊加热后的变化（温度、加热程度、运动方向） 画一画各阶段袋子的形状，用箭头表示袋子的运动方向。 加热前　　　　上升中　　　　下降中 温度变化（打"√"）　□温度变热了 □温度变冷了　□温度变热了 □温度变冷了	☆	☆	☆
分析论证	我认为热气球上升与＿＿＿＿＿＿有关。	☆	☆	☆
态度责任	能积极参与，共同合作完成学习任务。	☆	☆	☆
迁移应用	1. 加热时，手贴着塑料袋的外壁，能感受到塑料袋里的空气（　　　）。 A. 逐渐变热　　　B. 逐渐变冷　　　C. 温度不变 2. 塑料袋里的空气受热膨胀后，手上拎塑料袋的力量慢慢（填"变大"或"变小"）。 练习答案：1.（　　）2.（　　） （答对1题，1☆；答对2题，3☆）	☆	☆	☆

《我们来做"热气球"》学习评价标准

项目	外显行为表现	星数
搜集证据	水平一：能认真观察，但不懂描述。	1
	水平二：能认真观察，并简单描述实验现象。	2
	水平三：能认真观察，清晰描述实验现象，并做出合理表达。	3
分析论证	水平一：无法依据收集的数据，运用分析、比较、推理、概括等方法分析结果。	1
	水平二：能够依据收集的数据，运用分析、比较、推理、概括等方法初步分析结果。	2
	水平一：能够依据收集的数据，运用分析、比较、推理、概括等方法准确分析结果。	3
态度责任	水平一：小组成员之间合作不够协调，参与学习活动不够积极。	1
	水平二：小组成员之间合作比较协调，对学习活动能认真对待。	2
	水平三：小组成员之间合作默契，对学习活动有兴趣且专注用心完成任务。	3
迁移应用	水平一：能正确做出判断。	1
	水平二：能正确做出判断，并做出合理解释。	3

【案例反思】

本课教学属于学科核心概念"物质的结构与性质"的内容之一，旨在帮助学生了解物质的结构和性质。根据《义务教育科学课程标准（2022年版）》的教学策略建议，本课通过观察、实验、探究等学习活动，帮助学生探究常见物体的特征和材料的性能，学习初步的定量描述，进一步丰富和拓展对物质特性的认识。同时，本课还注重教育融合，通过树立正确的价值观和社会责任感，培养学生的科学素养。

在教学过程中，我采用实验活动的方式，借助简明的科学仪器，引导学生自主探究热气球上升和下降的原理。通过创新实验器材的方式，提高探究的深度和效果，让学生更好地理解空气受热上升的科学现象。同时，我注重教育融合，通过观看微视频等方式，教育学生关注"孔明灯"的危害，树立安全意识和社会责任担当。

为了提高课堂学习的效果，我充分利用有效的课堂学习评价体系开展教学研究。通过自评、互评等方式，让学生对自己的学习方法和态度进行评价和反思。同时，我们还将注重质疑引发学生对密度的关注，为后续发展做铺垫，更好地培养学生的核心素养。

总之，本课教学将通过实验活动、创新器材、课堂评价等多种方式，引导学生探究像科学家一样思考，探究热气球上升和下降的原理，在探究学习中培养学生的探究能力和科学素养。同时，我们也将注重教育融合，教育学生关注安全问题和社会责任担当，树立正确的价值观和社会责任感。

磁极间的相互作用

【核心概念】

物质的运动与相互作用

【学业内容与要求】

电磁相互作用

3～4年级：知道磁铁同时存在两个不同的磁极，相同的磁极互相排斥，不同的磁极互相吸引。

【教材分析】

本课是教科版小学科学二年级下册《磁铁》单元的第六课。

在之前的学习中，学生已经知道一块磁铁上有两个磁极，分别是南极和北极。那么，当一块磁铁的磁极与另一块磁铁的磁极相互靠近时，又会出现怎样的现象呢？用一个磁极去靠近另一个磁极，有四种情况：用N极靠近N极、用N极靠近S极、用S极靠近S极、用S极靠近N极。而磁极之间的相互作用则呈现两种状况，即相互吸引或相互排斥。通过探索活动，学生会发现S极和S极相互排斥、N极和N极相互排斥、S极和N极相互吸引、N极和S极相互吸引。通过研讨活动，学生可以通过交流，更加系统地认识相同磁极相互排斥、不同磁极相互吸引的规律。通过设计神奇的瓶子的活动，学生利用磁极相互作用的特点进行设计，不仅学知识，更是用知识。

【学情分析】

有的学生已经有了这样的经验：两块磁铁相互靠近时，有时会吸在一起，有时又会相互推开。那磁极间的具体规律到底是怎样的，学生缺乏一个整体、规范的认知，也难以将磁铁的这个规律与具体的玩具或者生活用品联系起来，但他们有强烈的探索兴趣，如果能借着探索兴趣，用问题、任务引导学生解决问题、深入思考，不仅可以达到对知识的深层次理解，还能培养他们的创新思维。本节课只在时间充足的前提下制作瓶子，因为制作前的设计、交流环节更能体现学生的思维，学生如果能在设计环节讲清楚他为什么要这样设计、为什么不能那样设计，才能体现他是否真正掌握概念。设计后的制作，可以放在课后进行。

【教学目标】

科学概念：

1.磁铁的相同磁极相互排斥，不同磁极相互吸引。

2.磁极之间的作用是相互的。

科学思维：

1.能从磁极间的相互作用现象中提出可探究的问题。

2.能初步利用简单的表格、图画来记录和整理证据。

3.能初步运用比较和归纳的方法，从实验证据中发现磁极间相互作用的规律。

探究实践：

能通过重复实验来收集磁极间相互作用的证据。

态度责任：

1.能对磁极间的相互作用现象表现出探究兴趣。

2. 在探究磁极间的相互作用的实验中，表现出耐心、细致的科学态度，能与他人合作。

3. 能如实地记录和描述有关磁极间的相互作用的证据。

4. 初步了解"同名磁极相斥、异名磁极相吸"知识在日常生活中的应用。

【教学重难点】

重点：磁铁相同的磁极相互排斥，不同的磁极相互吸引。

难点：利用磁极间的相互作用规律设计神奇的瓶子并能说出神奇的瓶子的原理。

【教学准备】

小组准备：磁铁实验盒、水槽、支架、实验记录单。

教师准备：铁架台、条形磁铁、蹄形磁铁、多媒体演示课件。

【教学过程】

（一）情境导入

（1）利用《猫和老鼠》中的动画情节，创设问题情境。

（2）看完这段动画片，你想说些什么？

（3）谈话：看来关于磁铁，你们已经了解了不少，这节课我们就继续来学习有关磁铁的知识。

板书课题：磁极间的相互作用

设计意图：通过学生感兴趣的动画，引导学生观察现象，发现问题，为后面的探究做铺垫。

（二）指导学生认识磁铁有指南北的性质

（1）创设情境，发现问题。

（2）学生设计实验验证自己的猜想。

（3）学生动手实验。

（4）学生汇报、交流。

（5）小结：通过实验，我们发现了磁铁的两极能指南北方向，科学上人们把指北的磁极叫北极，用字母"N"表示；指南的磁极叫南极，用字母"S"表示。

（6）运用：①找出刚才做实验的条形磁铁的南北两极。

②认识不同磁铁的南北两极。（说说你是怎么知道的。）

设计意图：培养学生搜集证据的能力，让学生明白实验之前，需要先明确实验方案，并用合适的方式将实验想象记录下来。

（三）指导学生认识磁铁两极的相互作用

（1）提出问题：

当两块磁铁的两极相互靠近时会发生什么现象呢？

（2）猜想：

磁铁的两极有时相互吸引，有时相互排斥，那么到底是哪两极会相吸，哪两极会相排斥呢？猜猜看。

（3）学生实验，填写记录单。

（4）学生汇报，分析实验结果。

（5）交流归纳：磁铁同极相互排斥，异极相互吸引。

设计意图：引导学生通过实验现象对磁极间的相互作用关系进行分类、归纳，得出实验结论，从而培养学生的归纳总结能力。但得出的结论是否适用于所有的磁铁呢？这就需要学生再次实验，验证我们发现的规律是否能够应用在其他磁铁上。

（四）巩固拓展

（1）师生共同小结：这节课你们学到了哪些知识呢？

（2）拓展：磁铁总是指南北方向吗？

① 出示一块悬挂在塑料支架上的条形磁铁和一块悬挂在铁架台上的条形磁铁，待其静止后指示南北方向。

② 提问：为什么两块条形磁铁指示的南北方向不一样？

（预设：要保证周围不能有磁性物质和铁。有磁性物质的话，悬挂的磁铁会被吸引或排斥；周围有铁时，悬挂的磁铁会被铁吸引。）

（3）讲述：磁铁能指示南北方向，但是当周围出现其他磁性物体或铁时，它指示的方向就会发生改变。人们就利用这种现象来寻找大自然中含有铁或含有磁铁的矿物。

　　设计意图：让学生分析为什么两个不同支架下的条形磁铁的指示方向不同，再通过"如何保持磁铁能一直指示南北方向"这一问题，让学生应用本节课学习的内容尝试寻找干扰磁铁方向的因素，促进学以致用。

【板书设计】

6. 磁极间的相互作用

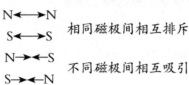

N←——→N
S←——→S　　相同磁极间相互排斥
N→←S
S→←N　　不同磁极间相互吸引

　　　　附：

"磁极间的相互作用"任务单

要解决的问题	如果用磁铁代替回形针，要怎样放置两块磁铁，才能保证两块磁铁相互吸引呢？
现象记录	吸引用→←表示，排斥用←—→表示 实验方法 N S　　N S N S　　S N S N　　S N S N　　N S
我们知道了（L）	S极和N极相互_____，S极和S极相互_____， N极和S极相互_____，N极和N极相互_____。 ①吸引②排斥
学以致用	当我们用两块磁铁制作神奇的瓶子时，磁铁应该怎么放？请画出来，并标出磁铁的S、N极。

　　　　　　　　　　　　　　　　　　　　　　　　　　　　第　　组

【案例反思】

《磁极间的相互作用》是教科版小学科学二年级《磁铁》单元的第六课。它是在学生认识了磁铁能吸铁和磁铁、有两极的基础上，继续引导学生了解磁铁能指南北，而且同极相互排斥、异极相互吸引的性质。通过一系列活动，培养学生有计划、有步骤进行实验的严谨态度，感受科学技术与社会生活的关系。

新课程强调："亲身经历以探究为主的学习活动是学生学习科学的主要途径。"科学课程应向学生提供充分的科学探究机会，而且必须建立在满足学生发展需要和已有的经验的基础上，提供他们能直接参与的各种科学探究活动。所以设计本课时，我坚持由学生自己去探究，亲身去经历，从实践中自己去发现问题、解决问题，获得认知。

根据教材的特点和学生的实际，我在教学中采用的教学方法以"实验法"为主。在实验过程中，学生能看得见摸得着，得到直观生动的感性认识，有利于突破本课的重点难点和激发学生的学习兴趣，提高学生的实验探究能力。在实验的基础上，还运用观察、讨论、交流等方法引导学生经历"提出问题——大胆猜测——实验观察——记录现象——分析结果——发现规律"的探究过程。

我认为本课教学主要突出以下两点：

（一）关注结果更关注过程

《义务教育科学课程标准（2022年版）》指出："科学课的教学不仅注重最后的结果，还应注重学生获得结果的过程。强调学生通过观察、实验，自己得出结论，以培养多方面的能力。"本节课学生自己通过猜测、验证和观察分析，发现了磁铁有指南北的特性和磁铁两极间的相互作用。在这一过程中我要做的是应该充分相信学生，大胆放手让学生自己动手实验，相信他们会发现，学生在"自由"的氛围中可以给我们带来意外的惊喜。

（二）强调动手做更强调动手前的动脑

科学探究虽然强调动手做，但更应强调动手前动脑。毕竟，真正的学习并非发生在学生的手上，而是发生在他们的脑袋里，这包括强调学生在观察中的思考、对探究结果的猜测（假设）、为后续探究制订计划、考虑变量的选择和控制、对获得的数据进行整理和分析、在与同伴的对话和交流中相互质疑和评价、反思自己的预设、考虑其他可能的解释，最终得出结论和报告，并向其他人展示或陈述等。这一切，不仅要动手，更要动脑才能完成。在科学教学的实践过程中，关注动手前的动脑，让学生"想好了再做"，是让学生形成科学态度和科学探究能力的关键。如在指导学生认识磁铁两极的相互作用时，我在出示磁铁、支架、小车等材料后，并没有马上让学生动手实验，而是让小组先讨论一下准备怎么做，做好分工、设计好实验方案后，再讨论实验中要注意些什么。学生在动脑时产生了思维碰撞的火花，这时再让学生动手实验，学生的探究热情高涨，最后引导学生总结出"同极相互排斥、异极相互吸引"的规律，在此基础上学生很轻松地理解了磁极间的相互作用。

第二节 "创意科学"在生命科学领域的实践

食物在身体里的旅行

【设计理念】

本节课的教学设计主要采用了培养学生实证意识的科学教学理念。由于人的消化器官不便于观察研究，本节课选取与人的消化器官类似而又唾手可得的塑料管、塑料袋分别来模拟食道和胃。学生通过动手感受"食道"的蠕动、"胃"的蠕动，可以获得直接的经验，进而将知识迁移到人的消化器官上来。

【教材简析】

食物进入口腔，经过消化系统的分解变成各种化学成分，有用的被人体组织吸收，没用的就由肛门排出，完成了食物的利用过程。人的消化系统包括口腔、食道、胃、小肠、大肠等，这些都是管道或管腔器官，统称为消化道或胃肠道，此外还有肝、胆、胰腺三个消化道外的器官，它们与消化道共同组成了人体的消化系统。

本课涉及的消化器官是消化道各部分的器官，本课和上一节课"食物在口腔里的变化"都在体现一种人体结构之间的相互依存关系，帮助学生在认识上建立联系。本课的学习将引导学生通过一系列探究活动来正确认识各个消化器官的名称及其功能，能初步明确食物进入人体后是要在一整套消化器官共同作用下才被吸收利用的。

【学情分析】

学生对消化器官有一定的初始认识，他们一般知道口腔、食道、胃、肠等消化器官的名称，对它们的功能也有初步的认识，但有些认识并不准确，如许多学生认为食物的营养是在胃里被吸收的，对食物先经过小肠还是先经过大肠的认识也是模糊的。在本课学习中，学生通过认识各部分消化器官的功能，可以形成对各部分消化器官的科学认识，并能初步明确身体内部有一整套的器官来分解食物，食物进入人体以后是在一整套消化器官的共同作用下才被吸收利用的。

【核心概念】

生命系统的构成层次

【学习内容】

人体由多个系统组成

【教学目标】

科学概念：通过模拟实验和查阅资料，知道人体的消化器官包括口腔、食道、胃、小肠和大肠，每个器官都有各自的功能，认识到食物在人体内会按顺序进入这些消化器官，被消化吸收。

科学思维：通过观察比较，能准确说出各消化器官的主要特征。

探究实践：在观察和比较的过程中，能对食物消化过程图进行补充完善，会分享研究结果。

态度责任：在探究过程中，能有意识地关注到消化器官对人体的重要性，增强健康生活的意识。

【教学重难点】

重点：知道各个消化器官的功能是由其相应的结构决定的。

难点：理解并具体说出食物消化是由多个器官共同协作完成的过程。

【课前准备】

教师：人体消化器官图、教学课件等。

小组：模拟"胃"的蠕动实验用的塑料袋、透明管子、馒头、胡萝卜、糖果、学习记录表。

【教学过程】

（一）聚焦：激趣导入、揭示课题

（1）激趣导入：老师现在要请一名坐姿最端正的同学，要给他一个奖励。（请一名学生）你想品尝一下吗？

（2）我看到同学们都投来羡慕的眼光了哦。那么，今天，跟随着这个食物，我们一起来探究一下食物在身体里的旅行。

（揭示课题：食物在身体里的旅行）

设计意图： 利用食物激发学生的学习兴趣，同时与课内的研究结合起来，让学生思考牛肉粒到哪里去了，贯穿整节课的学习。

（二）探索活动：食物在身体里的"旅行"路线

活动一：了解人体消化器官组成

第一步勾选出消化器官。第二步是给这些器官排序。

（播放视频：简单介绍消化系统的各个器官及作用）

设计意图： 根据日常生活的经验与认识，学生对消化器官有初步的了解，第一个活动先让学生勾选出消化器官，接着是给这些器官排序，这样可以摸清学生的前概念，了解学生对各个消化器官的形态与功能的初步认识情况，为后续进一步的探索研究提供基础，再通过提供完整清晰的人体消化系统视频，供学生阅读分析，引导帮助学生修正原先的错误或不完善的认识。

活动二：模拟食道工作的实验

（1）同学们，我们已经知道了食物在身体里的旅行路线，食物经过口腔后，下一站是哪里呢？——食道。

（2）食道是怎样把食物运输到下一站的？让我们来模拟一下食道的工作吧！

（3）提供实验材料：软管1根、小块胡萝卜、大块胡萝卜。

（4）对比实验：小组合作，将小块胡萝卜、大块胡萝卜分别放入"食道（软管）"中，比较哪一块胡萝卜更快通过"食道"，观察并记录结果。

（5）预测：哪一种食物最快通过"食道"？

（6）分组实验。

（7）研讨：什么样的食物容易进入"食道"，容易被运输？

（8）那我们在吃食物时，怎样咀嚼更合适？

（如：细嚼慢咽，把食物咀嚼得更细碎）

设计意图：衔接教材引导学生对"食道"的形态与功能进行模拟实验研究，因此在活动2中利用透明的软管模拟食道，用手指挤压"食道"，模拟食物通过"食道"的过程，为学生认识食物如何通过食道提供一个直观的认识。为了让学生的体验更加深刻，我在课本实验的基础上进行了一些改进，我选择大小不一样的胡萝卜块，让学生比较哪一块胡萝卜更快通过"食道"，通过对比实验，让学生认识到大小不一样的食物通过"食道"的难易程度，懂得吃食物时要细嚼慢咽的道理，从而建立对消化器官的保护意识。

活动三：**模拟胃的工作**

（1）同学们，食物经过了食道，又旅行到了哪一站呢？——胃。

（2）同学们能说一说胃是怎样工作的吗？——蠕动。

（3）食物经过胃的蠕动后，又会发生什么样的变化呢？我们来模拟胃的工作吧。

（4）提供实验材料：袋子、食物、水。

（5）（出示一袋材料）同学们，老师给你们准备了这些材料，你们说说我们可以怎么利用这些材料来模拟胃的蠕动消化呢？

（6）老师演示实验方法：用手揉搓袋子，对每个袋子分别揉搓15下。观察每一袋食物的变化，在实验记录表中记录结果。

（7）猜测哪一种食物更容易被消化。

（8）小组动手实验并交流、汇报实验结果：比较哪一种食物在"胃"中容易被消化。

（9）小结：我发现小的、软的食物在"胃"中容易被消化。

（10）研讨：如果最初放入袋子的食物不是小块的，也不是软的，会给胃带来哪些麻烦？

（11）食物经过了胃，下一站会去哪里呢？

（小肠、大肠）

设计意图：活动3是模拟胃的蠕动，衔接教材用塑料袋模拟"胃"，用手的反复揉搓模拟胃的蠕动对食物的磨碎作用。为了进一步加深学生的认识，我同样也在课本实验的基础上，对该模拟实验进行了一些改进，准备了四种食物，大的和小的食物、硬的和软的食物形成对比。让学生较易比较出哪一种食物容易磨碎，怎样的食物在"胃"中容易被消化。并引导学生阅读资料，初步了解大肠和小肠的功能，让学生认识一个食物的消化过程是由多个消化器官共同协作完成的，帮助学生建立系统、有联系的观点和形成保护消化器官的意识。

活动四：拓展

前面同学吃下去的牛肉粒到哪里了呢？到底是怎样的呢？课后大家还可以继续深入研究一下。

设计意图：激发学生课后继续探究，既巩固课堂所学，又进一步拓展学生对消化系统的认识，提升学生的科学素养。

【板书设计】

食物在身体里的旅行

口腔　　　消化食物
↓　　　　　↓
食道　　　输送食物
↓
胃　　　　进一步消化
↓
小肠　　　吸收营养
↓
大肠　　　吸收水分、贮存食物

附：

《食物在身体里的旅行》记录单

食物进入身体后，可能会经历哪些器官？按照什么样的路线行进？

第一步：用"√"勾选可能会经历的器官。

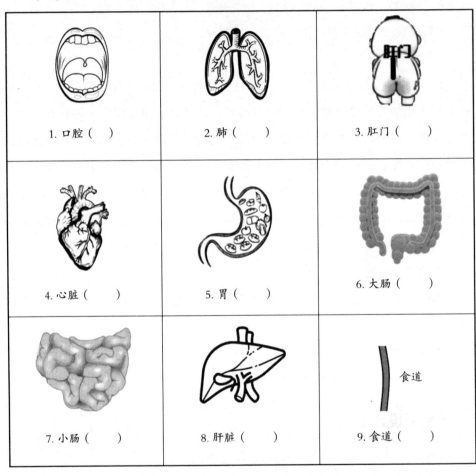

1.口腔（　）	2.肺（　）	3.肛门（　）
4.心脏（　）	5.胃（　）	6.大肠（　）
7.小肠（　）	8.肝脏（　）	9.食道（　）

第二步：将你认为食物经历的器官的先后顺序写下来（只写序号就可以）。

_____

_____

_____

_____

_____

实验一："模拟食道工作"记录表

实验步骤	1. 放入食物：用手挤压，模拟蠕动	1. 运送食物：往下挤压，把食物运送到另一端
实验现象	比较哪一块胡萝卜更容易通过"食道"？在（　）里打"√" 小块胡萝卜（　　） 大块胡萝卜（　　）	
实验结论	我发现：_____的食物容易在"食道"中运输。	

实验二："模拟胃的工作"记录表

实验方法		在塑料袋里装上水和食物，每个袋子反复揉搓15次，观察比较2个袋子里食物的变化。
实验现象	比较袋子中食物的颗粒大小，判断哪袋食物更容易被消化，在（　）里打"√"。	
	模拟1	模拟2
	大块食物（　　） 小块食物（　　）	软的食物（　　） 硬的食物（　　）
实验结论	我发现：_____的食物容易在"胃"中消化。	

【案例反思】

《食物在身体里的旅行》是教科版小学科学四年级上册《呼吸与消化》单元的第八课。本课主要在学生对原有消化知识理解的基础上，通过对比消化器官图和模拟实验，进一步认识食物在身体内的消化过程及各主要消化器官的功能，进而能够明白食物的消化需要多个器官共同参与完成。

四年级的学生已经对消化器官有了一定的认识。可是，因为这些器官都在人体内，不能直接观察到，平时也很少关注，所以学生有些认识并不正确。本节课的教学体现以下几个特点：

（一）创设情境激发探究兴趣

整节课我以馒头导游带大家旅游打卡的形式，让四年级的小学生认识各种消化器官，明确其功能，使课堂教学更具趣味性和情境化。

（二）注重前概念调查与修正

学生对人体消化器官的认识有一定的经验和基础，可是经过平时教学的实践调查，发现大多数学生利用教材提供的直接绘制的方法，存在很大的困难。学生直接绘制的效果极差，可以说惨不忍睹。究其原因，由于消化器官不能直接观察到、平时关注少，因此学生直接绘制有困难。我的做法是重新设计并制作了《食物在身体里的旅行》记录单，用"勾选→排序→动手去画"的形式，突破教材、循序渐进、降低难度，学生画起来有了抓手，对学生前概念的调查了解比较准确！

（三）培养问题意识发展思维

教学中，课一开始，我就让学生将问题聚焦为：食物进入身体以后会经历哪些消化器官？会发生什么样的变化？实现问题的聚焦与牵引，也是问题驱动的体现。授课中，怎样根据现有器材模拟食道和胃的实验，让学生自主思考、自主构思，对食道和胃的模拟实验形成自己的看法，为两个实验的顺利开展奠定了基础。另外，胃的模拟实验过程中由玉米粒没有被磨碎推导出是口腔的问题，从而对"食物消化的过程是由多个消化器官共同协作完成的"这一教学难点的突破起到了很好的实证效果。

（四）巧用技术提高课堂实效

小肠和大肠各有什么作用，教材中仅限于观察科学家绘制的"人体消化系统图"时略有介绍，信息量小，不够直观。我的做法是借助下一件T恤（NEXTT-shirt）的手机程序，识别特定的T恤衫，利用AR技术和手机同屏技术增强现实功能，认识小肠和大肠，明确其功能，收到了非常好的教学效果。

不足之处：

1. 学生真实体验不足

由于消化器官不能直接接触与观察，导致学生认知不够直观，亲身体验性差。于是，我试想将一些动物的消化器官，如食道、胃、小肠和大肠切割下来，分发给学生观察，是不是体验性更强？比如对食道的肌肉蠕动、对小肠的绒毛感知、对胃的强劲有力是不是效果更好、更直观？这一点有待我下次教学时可以尝试。

2. 学生自主设计实验能力有待提升

如何让学生自主设计食道和胃的实验？本节课只是简单用问题提问学生"怎样进行食道和胃的模拟实验？"，并没有深入地进行具体设计，因此实验设计能力还有提升空间。

凤仙花开花了

【核心概念】

生命系统的构成层次

生命体的稳态与调节

生命的延续与进化

【学习内容与要求】

描述植物一般由根、茎、叶、花、果实、种子构成。

描述植物的根、茎、叶、花、果实、种子具有帮助植物维持自身生存的相应功能。

植物通过多种方式进行繁殖。

3～4年级：举例说出植物从生到死的生命过程；举例说出植物通常会经历由种子萌发成幼苗，再到开花、结出果实和种子的过程。

3~4年级：列举动物帮助植物传粉或传播种子的实例。

【教学目标】

科学概念：知道凤仙花的构造，了解雄蕊和雌蕊的作用。

科学思维：通过观察、解剖各种各样的花，以事实为依据描述观察结果；能根据花各部分的结构特征及花开花谢的现象推测花各部分结构的功能。

探究实践：利用解剖的方法，由外到内有序地观察花的结构；能通过观察、比较，概括花的共同特征。

态度责任：意识到花是植物的重要器官，具有保护植物的花的意识。

【教学重难点】

重点：通过解剖活动，知道完全花由花萼、花瓣、雄蕊、雌蕊四部分构成，雄蕊上有花粉，雌蕊上有黏液。

难点：根据花各部分的结构特征及花开花谢的现象，推测花各部分结构的功能。

【教学准备】

小组材料：镊子、放大镜、双面胶、油菜花、百合花、南瓜花图片、记录单。

教师材料：课件、解剖等视频资料。

【教学过程】

（一）课前谈话

1. 引入：花的研究

（1）谈话引入：同学们，植物的生存边界因为人类的喜好而被拓展，人类的世界因为花卉的绽放而变得丰富多彩。

（2）我们的凤仙花经历了种子——生根发芽——生长，现在已经陆续开花了，今天就让我们一起来学习《凤仙花开花了》，走进花的世界，探索花的奥秘吧！

揭示课题：凤仙花开花了（板书）。

设计意图：通过视频激发学生的探究兴趣，激起学生对原认知的回忆，引导学生通过实验的办法来对花的结构进行验证、研究。

2. 探索：花的结构及功能

（1）猜测凤仙花的结构及功能。

① 师：花是植物的重要器官，接下来请同学们欣赏凤仙花从花苞到完全绽放的延时视频。

（播放视频）你能猜测一下凤仙花是由哪几部分组成的吗？（预设：花瓣、花芯、花蕊……）

② 那到底是不是像同学们说的这样呢？接下来，我们就一起来研究花的结构。如果让你观察一朵花，你会用哪些方法来观察花的组成部分呢？（预设：眼睛看一看等。）

设计意图：引导学生关注花的结构。

（2）解剖花，初步了解花的结构。

（材料：镊子、放大镜、双面胶、杜鹃花、琴叶珊瑚雄花或琴叶珊瑚雌花百合）

如果想更深入看一下花的结构，我们还可以像生物学家一样，用解剖的方法来研究花的结构。那怎样用解剖方法进行研究呢？请同学们先看视频，学习解剖方法：

① 播放解剖油菜花的讲解视频。

② 花朵是很脆弱的，在解剖前，你有没有什么要提醒大家的呢？

（学生回答）师生共同总结解剖要领：

a. 夹住基部。

b. 从外往内。

c. 分类粘贴。

③ 今天，林老师也为大家准备了一些花，（结合实物）有杜鹃花、琴叶珊瑚，还有百合花。现在请小组长从抽屉里拿出实验材料，各小组的同学上来一

下选择一种花进行解剖，解剖完后如果有时间，再对其他花进行观察。现在开始实验吧。如果铃声响起，表示实验结束。

④ 学生小组合作完成解剖并粘贴记录。

⑤ 交流汇报：小组展示并交流解剖成果：花是由哪几部分组成？（预设：有的小组将花朵分为四部分结构，有的小组分为三部分。）

a.引导汇报：我们小组观察的是____花，它是由____部分组成的。

杜鹃花的结构（学生边汇报，边板书画画，介绍杜鹃花从外到内的结构：花萼、花瓣、雄蕊、雌蕊）。

b.提问：是不是所有的花都是由花萼、花瓣、雄蕊、雌蕊组成的？

汇报琴叶珊瑚的结构，发现琴叶珊瑚由三部分组成：花萼、花瓣、雄蕊或雌蕊。

⑥ 对比发现：杜鹃花是由花萼、花瓣、雄蕊、雌蕊四部分组成的，而琴叶珊瑚缺少雄蕊或雌蕊。

图片展示：那我们种植的凤仙花又是由哪几部分组成的呢？老师也把凤仙花解剖了，大家看一下凤仙花的结构。结合图片说明凤仙花的四部分：花萼、花瓣、雄蕊、雌蕊。

（用拍照上传记录单的形式进行对比）我们观察了杜鹃花、凤仙花、琴叶珊瑚、百合花，大家有没有其他发现？可以观察一下它们有没有相同的结构和不同的结构。

⑦ 小结：有些花（杜鹃花、凤仙花等）是由花萼、花瓣、雄蕊、雌蕊四部分组成，这样的花是完全花；有些花（如琴叶珊瑚、百合花等）缺少一部分或几部分的花，是不完全花。

（3）观察雄蕊和雌蕊。

（材料准备：百合花、放大镜）

① 思考：通过刚才的观察，我们发现植物的花虽然有很多不同，但它们都会有雌蕊、雄蕊，你们认为这是什么原因呢？

接下来，让我们仔细观察雌蕊和雄蕊的特点。

② 小组观察雄蕊和雌蕊：借助放大镜，仔细观察百合花的雄蕊和雌蕊分别

是什么样子的?

③研讨:雄蕊和雌蕊分别有什么作用?

④交流汇报,得出结论:雄蕊上有许多花粉;雌蕊顶上有黏液,可以黏住花粉。(板书:花粉和黏液)

3. 研讨——花的哪一部分将来可能发育成果实

追问:花粉和黏液会不会有什么联系呢?(学生回答)

(1)提出问题:如果雄蕊上的花粉落到了雌蕊的黏液上,花又会有什么变化呢?请同学们观看"花粉受精过程"的视频,通过视频你能不能说一说,当雄蕊上的花粉落到雌蕊的黏液上,花有什么变化?

(2)研讨交流:你觉得花的哪一部分将来有可能发育成果实?

(3)小结:花粉传到雌蕊黏液上的过程叫传粉,植物的花只有经历传粉的过程,才有可能发育成果实。

4. 为花进行人工授粉

师:大自然中的花粉是怎样进行传粉的呢?

介绍动物传粉、风力传粉,还有一些花利用水流来传粉,当然在某些条件下,植物没有办法完成传粉,我们还可以进行人工授粉,大家想不想体验一下呢?

(1)接下来,我们模拟一下为花人工授粉,体验传粉的过程。

(2)实验指导。

(3)小组活动:为百合花进行人工授粉。

(4)小组交流:在"给花传粉"的实验中,你有什么发现?

植物只有在完成了传粉过程后,才有可能发育成果实。现在你们知道花为什么都有雄蕊或雌蕊了吗?

(5)在开花以及传粉的过程中,花萼和花瓣有没有起到作用?

设计意图:引导学生了解用解剖的方法可以进行有序观察,了解花朵由外到内的结构。在观察和比较的过程中概括花的共同特征,从而建构"植物的结构与功能相适应"的概念。

挑战一下：

接下来我想请同学来挑战一下，找到花的各部分构造，让它与其作用相匹配。

收获：通过这节课的学习，你有什么收获？

（二）课后研究

（1）花朵完成授粉后，一段时间后会有什么变化，把你新的发现记录在植物的生长变化记录表中。

（2）继续研究其他植物的花的结构。

【板书设计】

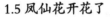

1.5 凤仙花开花了

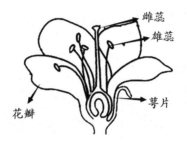

附：

《凤仙花开花了》学习评价标准

项目	外显行为表现	星数
猜测观察	水平一：通过视频，猜测出一部分或两部分凤仙花的结构。	1
	水平二：通过视频，猜测出三部分凤仙花的结构。	2
	水平三：通过视频，猜测出四部分凤仙花的结构。	3
搜集证据	水平一：每小组两人合作解剖观察一种花，但无法按顺序解剖、分类粘贴，没有完成观察记录单。	1
	水平二：每小组两人合作解剖观察一种花，能够按顺序解剖并分类粘贴，完成部分观察记录单。	2
	水平三：每小组两人合作解剖观察一种花，能够按顺序解剖并分类粘贴，且规范填写完成观察记录单。	3
分析论证	水平一：无法根据观察结果，进行分析、对比、分类、推理等方法得出结论。	1

续 表

项目	外显行为表现	星数
分析论证	水平二：能够根据观察结果，进行分析、对比、分类、推理等方法得出结论。	2
	水平三：能够根据观察结果，进行分析、对比、分类、推理等方法得出结论，并能争取表达。	3
参与情况	水平一：小组成员之间合作不协调，对学习活动不够有兴趣。	1
	水平二：小组成员之间合作协调，对学习活动能认真对待。	2
	水平三：小组成员之间合作默契，对学习活动有兴趣，且专注用心完成学习任务。	3
迁移应用	水平一：能运用所学知识与方法解释自然现象中的部分问题，答对一道题。	1
	水平二：能运用所学知识与方法解释自然现象中的大部分问题，答对两道题。	2
	水平二：能运用所学知识与方法解释自然现象中的大部分问题，答对三道题。	3

《凤仙花开花了》学习评价单

项目	内容	评价		
		自评	互评	师评
猜测观察	□□□我的猜测：杜鹃花、琴叶珊瑚、百合花，是由_____部分组成的。	☆	☆	☆
搜集证据	□□□我解剖的是杜鹃花、琴叶珊瑚、百合花，它是由_____部分组成的。（参考花的观察记录单）	☆	☆	☆
分析论证	与同组记录对比发现： 杜鹃花、凤仙花是由_____部分组成的，从外往内分别是_____。 琴叶珊瑚缺少（　　）， 百合花缺少（　　）。	☆	☆	☆
参与情况	小组合作，在学习活动中积极参与并承担相应任务，认真完成各自的任务。	☆	☆	☆
迁移应用	练习答案： 1.（　）2.（　）3.（　） （说明：课堂练习答对1题1☆，答对2题2☆，答对3题☆3）	☆	☆	☆

【案例反思】

本节课我立足于学生的发展，以学科核心素养的提高为出发点，以引领者、合作者的身份带领学生走进花的世界，利用真实的花，对花的结构进行探索、交流互动，让学生在动手观察、解剖花的结构中，了解解剖的顺序，知道完全花和不完全花的区别，明白雄蕊和雌蕊的重要性。我有效地落实了新课标提出的核心素养目标，很好地践行了新课标要求的倡导设计学生喜闻乐见的科学活动，激发学生学习科学的内在动机，引发学生认知冲突，激发积极思维。纵观整节课，亮点纷呈，精彩不断。

（一）巧借东风，推开思维之门

以视频导入可以让学生很快地进入课堂情境中，激发学生学习的兴趣。本节课，我通过设置真实的情境对话：同学们的凤仙花都开花吗？凤仙花的花有哪些结构呢？勾起学生种植凤仙花的经验。再通过播放凤仙花开花的延时视频，让学生边欣赏凤仙花开花的美丽动态，边积极地根据自己的生活经验和自身阅历推测凤仙花的结构。这样的学习，激起了学生研究花结构的学习兴趣，将他们已有的思维与本节课的科学思维进行链接，形成了科学思维的起点。

（二）巧设冲突，推动思维发展

在科学教学中，设计冲突活动有助于学生原有概念的转变和新概念的建构。本节课中，我设计了"认知冲突活动"。根据学生观看视频活动，师生小结得出凤仙花由花萼、花瓣、雄蕊、雌蕊四部分组成。之后我提问，其他花也和凤仙花一样，由四部分组成吗？学生的探究欲望立刻被点燃，积极地投入到解剖花的活动中。通过对三种花的解剖，学生意识到不是所有的花都和凤仙花一样由四部分组成，此时就顺利地形成完全花和不完全花的概念建构。学生的原有认知和解剖发现的结果形成认知冲突，促进他们形成新的认知，发展了科学思维。

（三）巧用研讨，推进思维迭代

科学思维迭代是学生在原有科学思维的基础上，通过分析、推理、实践、研讨等活动，再次发展科学思维。通过前面的学习，学生已经知道花的结构。这时我再次提问：雄蕊和雌蕊分别有什么作用？花的哪一部分将来可能发育成果实？激发学生根据前面解剖时的体验，推理花各部分的功能。我留足了时间让学生猜想推测、交流研讨。之后通过视频，学生知道了雌蕊将来会发育成果实。让学生在观察比较、交流研讨的过程中，建构"植物的结构与功能相适应"的概念。

（四）课堂教学是一门遗憾的艺术

课堂上，有好几个学生把"蕊"读作"心"，如果我在第一次听到学生的这种读法时，就立刻板书"ruǐ"，让全班跟着读几遍，想必学生会立刻意识到这个问题，比之后遇到学生读错再一个一个地纠正更节约时间，也体现了科学与语文学科的融合。

第三节 "创意科学"在地球与宇宙领域的实践

地球的形状

【核心概念】

宇宙中的地球

【学习内容及要求】

地球是一颗行星

3~4年级：知道地球是一个球体，是太阳系中的一颗行星，太阳系有八颗行星。

【教材分析】

《地球的形状》是小学科学三年级下册第三单元《太阳、地球和月球》的第六课。通过前面5节课的学习，学生了解了太阳和月球的基本特征，知道两者的形状都是球形，同时也建立起地球的形状是球形的科学概念。而本节课学生将经历古人探究地球形状的过程，并通过两个模拟实验来推理出地球的形状。

【学情分析】

学生已知太阳和月球都是球形，初步建立地球也是球形的前概念。但是他们并不了解人类探究地球形状的过程，比较依赖书本，不善于提出质疑，缺少通过寻求证据支撑猜想的能力。通过本课，让学生明白人类探索地球的形状经历了猜想、验证、实践漫长的过程，同时也是一个不断修正、不断求真的过程。学生学会质疑，学会推理，尝试用证据来验证猜想。

【学业要求】

能在教师引导下，结合图片资料或模拟实验，推测地球的形状；初步具有从具体现象提出问题并指定简单探究计划的能力。

【教学目标】

科学概念：

1. 理解地球和太阳、月球一样，都是一个球体。

2. 了解地球是太阳系中的一颗行星。

科学思维：

1. 用模拟、对比、观察、推理、归纳的方法辨析出地球的形状是球形的猜测是合理的；

2. 了解技术的进步可以不断让人们更好地认识自然现象，发现更多的自然规律。

探究实践：

1. 运用模拟实验的方法收集证据，推理、证明地球是球形的观点。

2. 用图示符号整理记录实验结果。

3. 在教师的引导下，了解人类认识地球形状的探索过程。

态度责任：

1. 感受人类在认识自然规律时需要不断的探索和孜孜不倦的努力，感知科学认知的发展与生产力的发展、科技的发展息息相关。

2. 在模拟实验中，养成乐于交流、善于分析总结的习惯。

【教学重难点】

重点：模拟并观察远处驶来的帆船现象和月食现象，推理出地球的形状是球形的猜测是合理的。

难点：模拟并观察月食现象，推理出地球的形状是球形的猜测是合理的。

【教学流程】

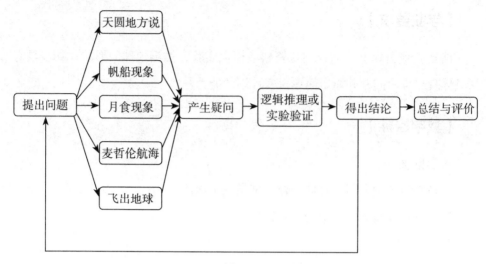

图5-3-1

【教学准备】

教师准备：教学课件、麦哲伦船队环球航海图、视频、地球仪、板贴

小组准备：（6人一组）实验记录单1份（每组1张）、学习记录单1份（每人1张）、"地球证件照"硬卡纸1份（附5张地球小卡片）、创新弧面模型1个、船模1个、平面KT面板1块、手电筒1支、球体1个、半球体1个、圆柱体1个、马克笔1支

【教学过程】

（一）问题聚焦，情境导入

（1）提问：我们现在居住的地球是太阳系中的一颗行星，那你知道地球是什么形状吗？你是怎么知道的？

（2）追问：在没有高科技的古代，古人是怎么认识地球的形状的？

（3）情境导入：邀请学生当摄影师，给地球拍照，制作"地球证件照"，并坐上"时空穿梭机"去亲自探索，经历人类探索地球形状的漫长和艰辛。

（4）揭示课题：地球的形状。

设计意图：铺垫提问古代没有高科技的情况下，古人如何认识地球的形状，激发学生的求知欲。以"给地球做证件照""时光穿梭机"情境导入，吸引学生，促进学生积极参与。让学生把自己"带入"古人的时代自己去探索，亲自经历这个漫长的历程，也就自然而然地引出了课题。

（二）还原现象，驱动探究

1. 古代"天圆地方"说

（教师出示天圆地方的图片。）

（1）引导学生观察图片，并提问："天空是什么形状？大地是什么形状？"

（2）提醒学生拍下人类探索地球形状的第一张照片，并贴在证件照的相应位置。

图5-3-2

（3）提问：如果你是当时的人，你同意吗？（预设：不同意）说说你的想法。

2. 帆船现象

（1）提问：毕达哥拉斯在观察远方归来的帆船时有什么发现？

（出示视频：远方归来的帆船）

（2）追问：从帆船现象，人们可以推测出地球是什么形状？（预设：球体、半球体、圆柱体、椭圆形等）

（3）提问：这个现象与天圆地方的说法矛盾吗？矛盾在哪里？

（4）过渡：要想指导我们的推测是否合理，可以怎么做？（预设：做模拟实验）

（5）实验探究：围绕这三个问题，各小组讨论交流。

图5-3-3

（出示3张实验材料图片）

① 用什么模拟什么？

② 你打算怎么做？

③ 实验中，重点观察什么？

（6）学生汇报实验方案。

（7）教师出示温馨提醒：①眼睛平视。②重点观察。③记录现象。

（8）学生实验，填写实验记录单。

表5-3-1

模拟实验1活动记录单

第　　小组

用"○"圈出模拟在地球表面不同位置看到的船的部位：

帆船运动	进港（远→近）		离港（近→远）	
	远处	近处	近处	远处
弧面上				
平面上				

结论：根据观察到的现象，我推测地球的形状更接近＿＿＿＿。

A. 弧面　　　　　　　　　　　B. 平面

（9）学生汇报实验结果，得出结论。

（10）追问：生活中常见的具有弧面的形状有哪些？（预设：球体、圆柱体、半球体、椭圆形、山坡等。）

（教师出示球体、半球体、圆柱体几何体教具。）

（11）学生推测：地球的形状可能为圆柱体、球体、半球体等。

（12）提醒学生拍下人类探索地球形状的第二张照片，并贴在证件照的相应位置。

图5-3-4

3. 月食现象

（1）教师出示月食视频。

（2）思考：月球上的黑影是谁的影子？（预设：地球。）

影子的边缘有什么特点？（预设：圆弧形。）

什么样的形状可以产生圆弧形的影子呢？（预设：球体、半球体、圆柱体等。）

（3）教师展示手电筒图片、平板图片、球体、半球体、圆柱体图片，

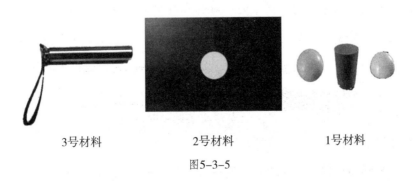

3号材料　　　　　　　2号材料　　　　　　　1号材料

图5-3-5

并提问：分别模拟什么？

（4）播放"圆柱体"视频。

图5-3-6

（5）分组探究："球体小队""半球体小队""圆柱体小队"。

（6）学生实验，并同时让三组汇报实验结果。

（7）提问：通过模拟实验，你们可以推测地球的形状可能是什么？

（8）提醒学生拍下人类探索地球形状的第三张照片，并贴在证件照的相应位置。

图5-3-7

设计意图：学生是探究的主人，教师要创造多种机会让学生亲身参与科学活动的过程，检验自己的想法。两个模拟实验中，有许多步骤需要学生合理清晰地操作，如进港、出港时船模应贴紧弧面和平面行驶，模拟地球的几何体要缓慢移动等。通过展现生活现象，教师引导学生用模拟假设的思维方法分析，提出新的猜想，产生认知冲突，激发学生实验验证的动机。

4. 麦哲伦航海

（1）教师播放视频并介绍麦哲伦在这次航海旅行中付出了生命。

（2）演示：利用地球仪，重走麦哲伦航海路线，让学生体会感知地球的形状可能是球体。

（3）谈话：至此，人们才开始接受地球是球体的观点。

图5-3-8

（4）谈话：拍下人类探索地球形状的第四张照片，并贴在证件照的相应位置。

设计意图：利用地球仪做示范，能帮助学生更好地理解麦哲伦船队的航海旅行是如何证明地球是球体的。

5. 飞出地球

教师出示图片：宇航员拍摄到的地球图片"蓝色弹珠"。

图5-3-9

拍下人类探索地球形状的第五张照片，并贴在证件照的相应位置。

设计意图：学生感受科技的进步，能帮助人类更好地发现自然规律。

小结：人类对地球形状的探索过程是漫长而又艰辛的。事实上，根据现代科学研究的资料，我们的地球还在不断慢慢地活动和变化。未来地球是什么形状呢？需要在座的同学不断地进行探索。

6. 课堂练习，评价生成

表5-3-2 《地球的形状》学习评价单

第___小组

评价任务		评价标准			自评
		☆☆☆	☆☆	☆	
我会观察猜测	理解地球是一个球体	说出球体	说出圆形	无法说出	___☆
我会搜集证据	了解人类认识地球形状的探索过程	自己能理解	在教师引领下理解	无法理解	___☆
	制订帆船远航模拟实验	会制订并积极参与发言	积极参与但不熟悉	不清晰	___☆
	制订月食现象模拟实验	会制订并积极参与发言	积极参与但不熟悉	不清晰	___☆
我会分析论证	体会人类探索未知的艰难	能体会	部分体会	不能体会	___☆
	参与模拟实验，发表自己的见解	积极参与并发言	积极参与无发言	不参与	___☆
我会参与合作	态度责任：小组合作，在学习活动中积极参与并承担相应任务，认真完成各自的任务。				___☆
我会移迁应用	课堂练习答案： 1.（　　）　　2.（　　）　　3.（　　） 答案1题得1☆　　　　答对2题得2☆ 答对3题得3☆				___☆

结语：宇宙浩瀚无边，此时此刻，也有很多科学家在延续着前人的脚步，通过"观察——推测——验证"不断地探索。未来宇宙的探索，属于同学们。

设计意图：引导学生回顾人类认识地球形状的历程，能让学生体会到人类探索未知的艰难，以及科技力量的发展对人们认识带来的影响。

【板书设计】

地球的形状

猜想　　天圆地方

观察　　行船现象、月食现象

推测　　圆形、圆柱体、球体……

证据　　麦哲伦航海　　接受　　球体

飞出地球　　证实

附件1

《地球的形状》学习评价单

姓名：

评价任务 ☆☆☆		评价标准			自评
		☆☆	☆		
我会观察猜测	理解地球是一个球体	说出球体	说出圆形	无法说出	____☆
我会搜集证据	了解人类认识地球形状的探索过程	自己能理解	在教师引领下理解	无法理解	____☆
	制订帆船远航模拟实验	会制订并积极参与发言	积极参与但不熟悉	不清晰	____☆
	制订月食现象模拟实验	会制订并积极参与发言	积极参与但不熟悉	不清晰	____☆
我会分析论证	体会人类探索未知的艰难	能体会	部分体会	不能体会	____☆
	参与模拟实验，发表自己的见解	积极参与并发言	积极参与无发言	不参与	____☆
我会参与合作	态度责任：小组合作，在学习活动中积极参与并承担相应任务，认真完成各自的任务。				____☆
我会迁移应用	课堂练习答案： 1.（　　）　　2.（　　）　　3.（　　） 答对1题得1☆　　答对2题得2☆ 答对3题得3☆				____☆
总分					____☆

附件2

模拟实验1：活动记录单

第____小组

用"〇"圈出模拟在地球表面不同位置看到的船的部位：

帆船运动	进港（远→近）		离港（近→远）	
	远处	近处	近处	远处
弧面上				
平面上				

结论：根据观察到的现象，我推测地球的形状更接近_____。（A. 弧面　　　B. 平面）

【案例反思】

（一）课堂主线清晰

本节课，学生经历了人类认识地球形状是一个不断修正的过程，体会到这是一个漫长而又艰辛的过程。课堂一开始，学生看到人造卫星拍摄的地球形状，引出第一个问题："古代没有现代科技，人们怎样了解地球的形状？那么古人观察到了什么？"通过观察，学生可以感受"天圆地方"说。接着，"天圆地方"说无法解释月食和远处来的帆船。这个认识冲突，引出了两个模拟实验。可在当时，虽然模拟实验可以说明地球是球体，可很多人还是有疑问，只有少数人相信地球是球体。直到麦哲伦进行环球航行，重新回到出发点，越来越多的人相信地球是球体。同时，课堂有一条暗线：科技的不断进步，人类对地球的形状有更全面的认识。

（二）课堂主体明确

学生是课堂的主人，老师是引导者和指导者。课堂中，我提出问题，学生根据问题进行思维聚焦，思考答案与尝试表达。比如没有人造卫星时，人们如何认识地球的形状？通过平时的观察，你发现天空是什么形状？大地是什么形状？学生开始回想平时的积累或者平时的观察，踊跃表达观点。在"月食"和"远处来的帆船"两个模拟实验开始前，通过展示模拟实验和我的提问，学生思考材料分别模拟什么，思考如何操作。再通过观看微课指导视频和我的引导，学生进一步明确操作步骤和注意事项。当我做好充分指导后，学生在探究中发挥主人翁精神，积极主动完成探究，并发现了当地球是球体时才能看到与实际一样的现象。研讨时，学生思考人类是怎样认识到地球是球体的，我给出了"一开始……，后来……，最后……"的表达句式，学生根据句式，尝试总结人类认识地球形状的漫长过程。

（三）不足与改进

本节课总结后，如果能做进一步拓展会更好。比如进一步提问："随着科技的发展与进步，人类的探索变得怎样呢？"或者，结合我国最近的航天工程，学生可以更全面地了解科技的进步会不断修正我们的认识，让我们更好地了解大自然的奥秘。

观察土壤

【课标核心概念】

地球系统

【学习内容及要求】

岩石与土壤

3～4年级：知道土壤的主要成分，观察并描述沙质土、黏质土、壤质土的特点，举例说出它们适宜生长的植物。

【教材简析】

《观察土壤》是教科版小学科学四年级下册《岩石与土壤》单元的第六课。

本课主要研究"土壤中有什么"，分别从土壤的组成、颗粒的形态以及土壤成分三个方面，从宏观到微观的层次对土壤进行细致观察。在学生采集土壤后，教师将引导他们从土壤的组成、颗粒的形态和沉积实验三个层面对土壤的成分展开研究。在此基础上，通过回顾和梳理，使学生对自己之前的认识进行反思，加深他们对土壤的认识。通过本节课的学习，学生可以进一步分析土壤的组成，了解土壤的成分，认识土壤对生命的意义，为后面比较不同土壤的特征打下基础。

【学生分析】

学生对土壤是比较熟悉的，在种植花草时都接触过土壤，知道土壤对人类生产生活的重要意义，但是他们从来没有从科学研究的角度去观察过土壤，对土壤的组成也不十分了解，这正是本节课学生要探究的问题，因此学生会非常感兴趣。对于探究土壤的组成，四年级学生还比较缺乏科学的观察方法，合作交流能力也有些欠缺。在教学中，教师应明确观察土壤的方法，引导学生通过观察和实验，发现土壤中的不同成分，探究沉积实验中土壤分层的原因，组织引导学生进行合作交流，鼓励学生发表自己的见解，引导学生尝试运用科学的语言来描述。

【教学目标】

科学概念：

土壤包含岩石风化而成的大小不同的颗粒（小石子、沙、黏土）以及腐殖质、水和空气等。

科学思维：

形成善于观察并把事物的特点和性质相联系的习惯。

探究实践：

1.能够通过观察实验的方法了解土壤的组成成分。

2.会用土壤沉积的方法观察到土壤成分按颗粒大小分层。

态度责任：

认识到土壤对生命以及人类生产生活具有重要意义。

【教学重难点】

重点：土壤的组成成分。

难点：会用土壤沉积的方法观察到土壤成分按颗粒大小分层。

【教学思路】

土壤是一个具有动态变化的复杂自然系统，因此研究土壤里面有什么具体东西是次要的，重要的是研究技能的培养和证据意识的形成。学生通过推测和猜想，用一定的科学方法去观察并通过实验寻找土壤的成分。

土壤也是宝贵的资源，是动植物赖以生存的重要条件，人类的活动正在渐渐地影响土壤自身的协调功能，也对土壤资源造成一定的污染和破坏，因而在第二部分中，通过了解土壤与生命的联系以及土壤对人类生活和生产的重要意义，要进一步升华，形成保护土壤、爱护环境的意识。

【教学准备】

教师：教学课件。

学生：一份土壤、白纸、牙签、放大镜、透明塑料杯、筷子、水。

【教学过程】

（一）聚焦

（1）谈话：土壤对我们人类非常重要，我们吃的许多食物都来自土壤中生长的植物。

（2）提问：土壤就在我们的身边，你观察过它吗？土壤中有什么呢？

（3）引入课题：这节课我们来一起研究土壤。

设计意图：通过学生的描述，教师掌握学生的前概念，为后续观察土壤做铺垫，同时激发学生的学习兴趣，明确学习目标。

（二）探索

1. 猜测土壤的组成

提问：你认为土壤里面有什么呢？

预设1：土壤中有枯树叶、小虫子……

预设2：土壤中有大石子、小石子……

预设3：土壤中有水分……

2. 采集并观察、描述土壤

（1）谈话：同学们已经采集好了新鲜的土壤，我们一起来观察吧。

（2）观察新鲜土壤活动：把土壤倒在白纸上，先用肉眼观察，再用放大镜仔细观察。

（3）提示：

① 使用上节课学习的观察方法：用肉眼或放大镜观察，用手扇闻，用手触摸或捻一捻。

② 观察土壤活动完成后，注意用手卫生。

（4）学生进行分组实验，教师巡视指导。

（5）教师提问：你们观察到土壤中有什么呢？

（6）汇报交流：

预设1：有许多捻不碎的小石子、沙子……

预设2：我看见了草根、虫子……

预设3：闻起来有气味……

预设4：我感觉摸起来湿湿的，可能有水分……

（7）小结：土壤中有岩石颗粒（小石子、沙）、动植物的残体（小草、小虫）、水分（湿湿的），以及腐殖质（有气味）等。

（8）阅读资料。

设计意图：充分调动多种感官，手眼并用，先用肉眼和借助工具观察土壤，主要让学生了解土壤里有大小不同的颗粒，并知道各种颗粒的区分标准和名称，再通过捻一捻的方式近距离接触土壤，感受土壤中蕴藏的水分。

（9）小结：土壤中有岩石颗粒（小石子、沙）、动植物的残体（小草、小虫）、水分（湿湿的），以及腐殖质（有气味）等。

设计意图：学生观察新鲜土壤的活动，目的是通过眼看、鼻闻、手指触摸和捻来直观感受新鲜的土壤。借助放大镜观察后，初步发现土壤的颗粒大小不同，为下一环节观察干燥土壤中的颗粒差异做准备。

3. 观察干燥的土壤

（1）过渡：土壤中的颗粒有大有小，你能把它们分一分吗？

（2）活动：教师把准备好的干燥土壤发给学生，学生用牙签把土壤颗粒分开，并借助放大镜仔细观察。

（3）提问：土壤中有几种大小不同的颗粒？你能具体描述一下它们吗？

（4）小组汇报：土壤中的颗粒大小不一，除了有小石子和大小不同的沙粒，还有粉末状的微粒。

（5）阅读资料并总结：根据颗粒大小可以把土壤的颗粒分类，最大的土壤颗粒是沙砾（小石子），其次是沙，接着是比沙还要小的沙粉，最小的土壤微粒是黏土。沙砾（小石子）直径大于2毫米，黏土的微粒很小，甚至用肉眼都没有办法看清楚。

设计意图：此环节是让学生观察干燥的土壤，目的是观察土壤的颗粒大小，发现它们有明显不同。借助阅读资料中土壤颗粒直径的具体数字，强化学生对土壤颗粒大小不同的认知，为下一环节的土壤沉积实验以及下节课学习土壤类别奠定知识基础。

4. 通过沉积实验观察土壤

（1）过渡：除了我们观察到的成分外，土壤中还会有什么其他成分呢？

（2）学生尝试回答。

（3）土壤沉积实验。

①介绍实验方法。

A. 准备一个烧杯，将土壤倒进盛有水的烧杯中。

B. 静静观察，你会看到什么现象呢？

C. 用搅拌棒轻轻搅拌，然后静置观察。

D. 将观察到的现象填写在实验记录表中。

② 学生分组实验。

（4）汇报交流。

提问：大家观察到了什么现象？

预设1：有一些黑色物体漂浮上来……

预设2：产生气泡……

预设3：出现了分层……

…………

教师追问：为什么会产生气泡？为什么会出现分层？

预设：有气泡是说明土壤中有空气；分层是因为土壤微粒大小不同，大微粒先沉积下来，其他微粒依次沉积，所以出现了沉积物分层的现象……

（5）小结：土壤中有空气存在；土壤的沉积物会分层，最上面的一层是黏土，其次是细沙，越到底下，颗粒越来越粗；漂浮在最上面的是动植物的残体。

设计意图：通过本环节的学习，学生知道土壤的成分中还有空气，进一步完善对土壤组成的认知。将学生体验与教师演示结合，观察肉眼看不到的现象。教师演示过滤、加热实验，找出土壤中的盐分。让学生明白得出结论需要证据。通过沉积实验，加深对土壤中四种微粒的了解，再通过板书贴纸分四层，更直观体现土壤的沉积物有四层，让学生印象更深刻。同时，这个活动使学生牢固建构起土壤颗粒大小不同的认识，为土壤形成的重要因素是由于岩石的风化这一概念做好知识储备。

5. 了解土壤和生命的关系

阅读资料，思考土壤与生物的关系。

设计意图：情感价值观的渗透，通过课件展示土壤与动物、植物和微生物的密切关系，让学生了解土壤为生物提供食物与生存空间，再引出土壤与人类的关系，使学生明白土壤是人类衣食住行的材料来源，从而明白土壤是地球上最有价值的资源，要保护土壤。

（三）研讨

（1）在土壤沉积实验中，有什么现象发生？这些现象说明了什么？

把土壤倒进盛有水的烧杯中观察，会有气泡产生的现象，这说明土壤中含有空气。搅拌后静置一段时间，我们明显地看到土壤按颗粒大小先后沉积下来，并分为几层沉积物：最上面的一层是黏土；其次是细沙，越到底下，颗粒越来越粗；漂浮在最上面的是植物的残体。

（2）根据观察和实验，你认为土壤是由什么组成的？

引导学生总结：土壤包含大小不同的颗粒（小石子、沙、黏土），动物、植物的残留物，以及腐殖质、水和空气等。

（3）你对土壤有哪些新认识？

学生自由发言。

设计意图：前面两个问题是引导学生回顾学习内容及过程，基于已获得的证据进行解释，形成对土壤的认识。最后一个问题是让学生通过学习后对之前的认知进行反思。

（四）拓展

（1）谈话：植物生长是否繁茂，与土壤有什么关系？

（2）出示植物生长茂盛的图片，请学生思考。

（3）布置课后任务：查阅资料或实地考察，了解植物生长与土壤的关系。

设计意图：将课堂延伸到生活当中，让学生课后继续观察植物生长繁茂的地方，这里的土壤有什么特点？让学生课后的观察更有方向。

【板书设计】

观察土壤

土壤的组成 小石子、沙、黏土、腐殖质、水和空气等	班级记录表 方法 看 闻 摸、捻 倒入水中	特征 土黄色、有落叶、小虫子…… 有气味…… 颗粒大小不同、潮湿…… 有气泡、分层……

【案例反思】

思维型教学的目标旨在有效发展思维能力，落实核心素养。在小学科学教学中，寻求创新思维发展，提高学生核心素养，是培养科学精神的重中之重。科学精神包含理性思维、发现质疑、勇于探究三个要素。

（一）联系生活，启发思维

思维型教学强调，在教学中要重视启发、诱导、激思，让学生通过参与、思考，在原有的基础上独立、主动地探求新知，能够尊重事实和证据，运用科学的思维方式认识事物。因此，在课堂一开始，通过观察植物的生长，引导学生聚焦土壤，启发思维，联系生活进一步思考土壤里有什么奥秘能够让植物生长，并借助工具放大镜对土壤进行观察探究。

（二）鼓励质疑，培养创新思维

创新思维从发现质疑、提出问题开始，提问是对事物的思考与探索，也是学生创新思维的开端。在观察土壤的过程中，认识到土壤中有沙子、蚂蚁、枯树叶等物质，学生进而提出疑问："那么动植物在土壤中如何生存呢？""土壤中有没有水分和空气呢？"在科学观察的过程中发现质疑，大胆猜想。如何验证土壤中是否含有水分和空气呢？基于四年级已有的科学知识，利用借助看见的物体证明看不见物体的存在的科学方法，各小组全面开放式自主设计土壤中有水和空气的实验方案。学生提出可以利用纸巾包住土壤，观察纸巾变化证明水分的存在；借助烧杯，将土壤放入装有水的烧杯中观察是否有气泡产生来验证空气的存在。通过科学探究活动，在发现问题的过程中激发学生的兴趣，让学生"感受理解知识的产生和发展过程"，大胆质疑，学会创新，培养创造思维。

（三）动手动脑，发展心智

教育家苏霍姆林斯基曾指出，"儿童的智慧在他的手指尖上。"儿童的思维源于儿童的动作。学生从学科学到做科学，敢于尝试，勇于实践，在动手动脑的过程中，提升实践能力和创新思维，培养科学精神。实践得真知，因此在完善实验方案后，小组成员相互合作，进行实验探究，通过实践证明土壤中的确含有水分和空气。除此之外，在进行实验探究过程中，有学生对所观察的现象提出疑问，为什么土壤放入水中后，有些物质漂浮在水面上，有些物质沉积在杯底？学生主动创新，探究新知，运用科学的思维方式认识事物，解决问题。在整个实验探究活动过程中，不仅培养学生的深度学习和科学思维能力，还加强了学生的动手操作能力和合作意识，让学生在轻松愉快的学习氛围中获得科学知识，培养科学精神。

所谓科学精神，是"如切如磋，如琢如磨"的专注；是"亦余心之所善兮，虽九死其犹未悔"的坚守；也是"纸上得来终觉浅，绝知此事要躬行"的好奇。科学课是学生探索世界的一扇窗，让学生在课堂上进行科学探索是科学活动的核心，在科学课上因势利导，引导学生在学习中逐渐养成尊重客观事实、大胆质疑的思维方式和科学精神。

第四节　"创意科学"在技术与工程领域的实践

做个太阳能热水器

【教材分析】

本节课是教科版小学科学五年级上册第七课，本课位于《"冷和热"》单元，本单元主要研究热传递的各种方式，包括传导、辐射和对流。前两课已经研究了热传导，本课要研究热辐射，重点是指导学生通过实验观测不同颜色的物体吸热的多少，最后通过制作太阳能热水器，培养学生运用知识进行设计制作的能力。

【学情分析】

五年级学生经验丰富，知识积累比较多，思维的逻辑性比较强，只研究颜色与吸热的关系，内容太简单，而且在设计制作太阳能热水器时，可发挥的空间不大，因此不能满足多数学生发展的需要。

新课程标准基本理念指出小学科学课程要面向全体学生，要为全体学生提供适合的、公平的学习机会。因此，我对教材进行了处理。由于太阳能热水器吸热多少不仅与颜色有关，还与光线照射角度、受热面积等有关，所以我决定以太阳能热水器为载体研究物体吸热与颜色、光线照射角度、受热面积等条件的关系，这样既增加了教学内容的多样性，又增加了科学学习的探究性和趣味性。

【教学目标】

科学概念：

1. 太阳能热水器是一种光热转换器，具有节能、环保、安全的优点。

2. 太阳能热水器的效能和所采用的材料、结构、运用的原理有关。

3. 产品的设计，不仅要考虑构造，还要考虑材料的选择、依据的科学原理以及如何方便实用。

过程与方法：

1. 能根据研究任务和要求进行有目的的设计。

2. 按一定的格式写出本小组的设计方案。

3. 在全班交流介绍方案的设计思路、原理。

情感、态度和价值观：

1. 乐于合作、交流、反思和改进。

2. 体会到运用科学知识解决问题的乐趣。

3. 体会到任何一种科技产品的开发和设计都融合了多种知识和技术。

4. 认识到科技的发展能促使人们更好地利用自然资源和自然规律。

【教学重难点】

综合运用所学知识设计太阳能热水器。

【教学准备】

1. 有关太阳能热水器的构造及工作原理的课件。

2. 设计方案表。

【教学过程】

（一）导入揭题

（1）谈话：上节课我们已经知道怎样得到更多的光和热，谁能说说怎样才能得到更多的光和热？

（2）这节课我们将利用前面学习的知识来做一个太阳能热水器。

（板书课题）

设计意图：通过复习旧知识怎样得到更多的光和热，为新课如何提高太阳能热水器的集热功能做好铺垫。

（二）探究新知

1. 了解太阳能热水器

（1）谈话：课前我们已经对太阳能热水器进行了调查了解，谁能说说太阳能热水器由哪几部分组成？

（2）课件演示并讲解：太阳能热水器通过集热管吸收太阳能给冷水加热，然后把热水送到保温箱保持一定的温度。当我们需要用热水时，通过控制系统放热水并补充一定量的冷水到集热管进行加热。

（3）谈话：可见要做好太阳能热水器关键是要处理好集热器和储水箱两部分。

（4）提问：集热器和储水箱分别是采用什么材料做的？

生活中哪些材料的保温效果较好？

设计意图：联系生活可以帮助学生从抽象的工程设计过渡到直观的简单制作上来，既分散了学习难点，又为后面制作的选材做好铺垫。

（5）提问：认真观察一下集热器是怎么摆放的？

小结：设计师们为了提高热水器的效能，不仅精心选择材料，而且合理运用科学方法。

设计意图：小结归纳可以帮助学生认识到要设计制作太阳能热水器，就要像设计师一样从材料的选择到方法的使用上下功夫。

2. 设计制作方案

（1）谈话：了解了设计师们是怎样设计太阳能热水器的，现在我们能不能也来设计一个简易的太阳能热水器？让我们先来看看今天的设计要求。

课件：设计要求：

能够装200毫升水。

能够尽可能地在15分钟内，使热水器中的水的温度上升。

（2）提问：能装200毫升水对容器大小有什么要求？

能够尽可能地在15分钟内，使热水器中的水的温度上升，你是怎样理解的？

（3）要使热水器既能尽快升温，又能保温，需要考虑哪些问题？

（4）学生讨论设计方案，教师巡视指导。

设计意图：动手前，让学生讨论并设计一份合理可行的制作方案，主要是引导学生学会合理地思考，对即将制作的太阳能热水器有一个全面的构思。让学生"想好了再做"，可以培养学生"动手"前先动脑的习惯，从而提高了学生的思维训练有效性。

3. 交流完善方案

（1）交流方案。

① 谈话：刚才同学们讨论得很热烈，相信完成得也很精彩，哪个小组愿意把你们的收获与大家一起分享？

（实物投影学生的方案）

② 学生汇报交流。

（2）完善方案。

① 谈话：是啊，我们不仅选择合适的材料，还要综合运用所学的知识，使太阳能热水器达到设计要求。现在请同学们对自己组的方案进行修改完善。

② 学生修改完善方案。

（3）汇报展示修改完善的部分。

① 谈话：经过修改以后，相信大家的方案都更完善了，哪组来展示一下呢？

② 提问：你们为什么要这样改呢？

设计意图：引导学生经历设计方案——交流讨论——完善方案的科学探究过程，学生的思维火花在交流、比较、相互学习中一次次地碰撞。

（三）总结延伸

这节课，我们像设计师们一样通过动脑设计、交流讨论、修改完善了太阳能热水器的设计方案，课后请各小组齐心协力根据你们的方案收集准备材料，动手做一个太阳能热水器，下节课带来比一比，好吗？

设计意图：把课内课外有机融合，体现教学的统一；把学与做、知识内化与文字表述有机地融合，体现学用的统一。

【板书设计】

做个太阳能热水器

附：

学习评价单

评价维度	评价题目
探究能力	1. 我们小组研究的条件个数是（　　）。 A. 1个　　　　B. 2个　　　　C. 3个
	2. 我们小组能同时研究（　　）条件。 A. 1个　　　　B. 2个　　　　C. 3个
	3. 我们组在完成实验数据分析时感觉（　　）。 A. 很顺利　　　B. 一般　　　　C. 不顺利
科学态度	4. 我们尊重证据，如实地记录了实验数据（　　）。 A. ☹　　　　B. 😐　　　　C. ☺
科学知识	通过实验，我们小组知道了（　　）等条件对物体吸热有影响。
实验中发现的问题：	

【课堂实录】

（一）复习导入

师：上节课我们学习了《怎样得到更多的光和热》，谁来说说怎样才能得到更多的光和热？

生：用镜子反光，用放大镜聚光都能得到更多的光和热。

生：黑色的物体可以得到更多的光和热。

生：物体与阳光垂直也可以得到更多的光和热。

师：这节课我们就利用前面学习的知识来做个太阳能热水器。（板书课题）

（二）探究新知

1. 了解太阳能热水器的工作原理

师：课前我们已经对太阳能热水器进行了调查了解，谁能说说太阳能热水器由几部分组成？

生：太阳能热水器主要由太阳能集热器、绝热储水箱、连接管道、支架和控制系统组成。

师：谁再来说说？

生：太阳能热水器主要由集热器、储水箱、支架、连接管道和控制系统组成。

（课件出示）集热器、储水箱、支架、连接管道、控制系统

师：谁能找出图中太阳能热水器的各个部分？

学生用激光笔指出太阳能的各个部分（根据学生的回答顺序，课件出示太阳能热水器结构图上的各部分名称）

师：同意吗？

生：同意。

师：太阳能热水器各部分是怎样进行工作的？

生：太阳能热水器是利用集热器接收太阳光，将光能转化为热能的。

生：集热器给冷水加热后，保存在储水箱里。

师：（课件演示工作原理图并讲解）太阳能热水器通过集热管吸收太阳能给冷水加热，然后把热水送到保温箱保持一定的温度。当我们需要用热水时，通过控制系统放热水并补充一定量的冷水到集热管进行加热。

师：可见要做好太阳能热水器，关键是要让_____（生齐答：集热器里的水尽快升温）和_____（生齐答：储水箱更好地保温）。

（板书：集热器　储水箱）

升温保温

师：说得真好，为了让集热器能更好地接收太阳光，设计师们采用了什么材料？

生：集热器是用双层玻璃做成的。

生：两层之间是真空的。

师：能说说这样做有什么好处吗？

生：玻璃的透光性好，可以更好地给水加温。

生：真空可以防止热对流，起到保温的作用。

师：太阳能热水器除了把水加热，还需要保温，你们知道太阳能热水器是怎样实现保温的吗？

生：储水箱中间有一层高效保温体，能有效保温。

师：是啊，中间的保温层是用高科技的保温材料做成的，保温效果特别好。生活中有哪些材料的保温效果较好？

生：毛线、棉花。

生：我知道皮革的保温效果也好。

生：稻草。

生：泡沫板、棉布。

师：说得真好，真是一群生活的有心人啊！

师：请同学们认真观察一下集热器是怎么摆放的。

生：集热器都是倾斜的。

师：这样摆放有什么好处呢？

生：倾斜摆放可以和阳光垂直，这样就可以吸收到更多的光和热。

生：上节课我们实验过，倾斜摆放温度计的温度升得更快。

师：真是个会学习的孩子。

师：可见设计师们为了提高热水器的效能，不仅精心选择材料，而且合理运用了科学原理。

2. 设计制作方案

师：了解了设计师们是怎样设计太阳能热水器的，现在我们能不能也来设计一个简易的太阳能热水器？

生：能。

师：让我们先来看看今天的设计要求。

（课件出示：设计要求：1.能够装200毫升水。2.能够尽可能地在15分钟内，使水的温度升上去。）

师：要达到这个要求需要考虑哪些问题？

生：选择什么材料。

生：还要采取一些好的方法，比如怎样做会吸热快。

师：好，下面就请各小组先讨论准备怎样做，需要哪些材料，再完成设计方案。

（学生讨论设计方案，教师巡视指导。）

3. 交流完善方案

（1）交流方案。

师：刚才同学们讨论得很热烈，相信完成得也很精彩，哪个小组愿意把你们的收获与大家一起分享？

（实物投影学生的方案）第一组学生指着设计草图汇报：我们把透明的饮料瓶倾斜地放在大纸盒里，再把盒子内外涂黑并用筷子支起纸盒，盒盖换成保鲜膜。

师：你们组为什么选择用透明的塑料瓶呢？

生：透明的瓶子容易让阳光射进去，又是热的不良导体，可以减少热量外流。

师：你们把盒内外涂黑希望起到什么作用？

生：黑色吸收热的能力最强，可以吸收更多的热量。

师：为什么要把盒盖换成塑料薄膜？

生：透明的塑料薄膜可以让光更容易射进瓶子给水加热，又相当于盖上盖子减少热对流，起到保温的作用。

师：瓶子为什么要倾斜地放着呢？

生：为了与阳光垂直，因为当阳光直射物体时，物体吸收的光比较强。

（实物投影学生的方案）第四组学生指着设计草图汇报：

生：我们组采用的方法是：1.把瓶子支起来，背面用锡箔纸来反光。2.把瓶子放入内外涂黑的盒子里。3.瓶子的周围用泡沫板涂黑。

师：条理很清晰，能解释一下瓶子的背面为什么还要贴上锡箔纸吗？

生：锡箔纸的反光能力强，可以把透过瓶子的光反射回瓶子，减少热量流失。

师：瓶子周围的泡沫塑料有什么作用呢？

生：泡沫可以起到保温作用。

师：对于他们两组的设计方案，大家有什么好的建议吗？

生：我觉得盒子的背面可以支起一面镜子来反光。

生：我们组在纸盒的上方放了放大镜。

师：能说说你的理由吗？

生：放大镜有聚光的作用，可以更好地给水加热。

师：大家觉得他们的建议合理吗？

师：哪组再把你们独特的设计和同学交流交流？

生：我们用棉花和泡沫来保温。

师：能具体解释一下吗？

生：用棉花塞满瓶子周围和泡沫板之间的空隙，效果会更好。

师：真是细心的孩子。

（2）修改完善方案。

师：每个组的方案都各有优点与不足，现在请同学们对自己组的方案进行修改完善。修改的部分用红色表现出来。

学生修改完善。

师：经过修改以后，相信大家的方案都更完善了，哪组来展示一下呢？

生：我们把泡沫板也涂黑了。

师：你们为什么要这样改呢？

生：这样不仅能保温，还能吸热。

师：学以致用，真了不起。

师：哪组再来？

生：我们在盒子的四周分别支起一面镜子。

师：这样改有什么好处？

生：这样盒子吸热更好。

师：真是一群善于思考的孩子。

（三）总结延伸

师：这节课我们通过动脑设计、修改完善了太阳能热水器的设计方案，课后请各小组动手做一个太阳能热水器，下节课带来比一比谁的热水器更牛，好吗？

【案例反思】

《做个太阳能热水器》是小学科学五年级上册第二单元的第七课，这节课是对《光》这一单元学习内容的实际运用，是对前面几课积累经验的一个应用与升华，也是对学生学习的评价。

学生不熟悉太阳能热水器，而它所涉及的科学原理又较多，客观上增加了学生认识与设计的难度，为了突破这一难点，我做了以下努力：

（一）收集资料，主动参与

为了避免课上都是教师的讲解，学生被动接受，课前我先带学生到太阳能热水器专卖店进行观察、采访，再让学生收集了大量有关太阳能热水器的构造、工作过程及原理的资料。课堂上以交流、展示的方式对太阳能热水器的构造及工作原理进行了解，在这一过程中着重探讨太阳能热水器的集热器与储水箱方面的设计，在探讨的过程中我们可以看到学生是比较积极、比较活跃的，充分发挥了学生参与的主动性。随着讨论问题的一步步深入，学生对太阳能热水器的主要构造及工作原理有了较为清晰的认识，为设计制作太阳能热水器的活动做了良好的铺垫。

（二）联系生活，分散难点

设计中的难点主要是如何解决聚光和保温的问题，为了分散这一难点，课前先通过复习旧知识：怎样得到更多的光和热，为新课如何提高太阳能热水器的集热功能做好铺垫。认识储水箱的材料时，又引导学生说说生活中哪些材料的保温效果好，帮助学生从抽象的工程设计过渡到直观的简单制作，为后面制作的选材做好铺垫。

（三）交流讨论，共同提高

设计制作一个太阳能热水器是一个典型的任务活动。教材只提供了任务的限制要求。对于采用什么材料、运用怎样的制作方法、小组内怎样展开活动并没有做明确的要求，这就给了学生很大的创造空间。但是对于这样一个具有挑战性的任务——制作太阳能热水器，需要引导学生对热水器及制作过程进行构思并设计一个有效的方案，引导学生学会理性思考，让学生"想好了再做"也正是本课教学的重点。因此，我大胆放手，引导学生经历设计方案——交流讨论——完善方案的科学探究过程，在设计、交流的过程中，学生们提出许多有建设的意见：为保温集热最好用密封较好的盒子，为了容易让阳光射进去，在盒面上开一个大大的窗口，用透明的塑料薄膜贴好。为了吸热用透明的塑料瓶子，瓶子周围用泡沫塑料，将泡沫塑料涂成黑色，增强集热效果；更有学生提出为吸收更多的热量，可以将盒子外面也涂成黑色；将盒子摆成与阳光垂直的角度；还可以用放大镜聚光，用多面镜子反光，给瓶子的底部涂黑……学生的思维火花在交流、比较、相互学习中得到一次次的碰撞。

设计塔台模型

【核心概念】

工程设计与物化

【学习内容及要求】

工程需要定义和界定

5～6年级：①定义简单工程问题，包括材料、时间或成本等限制条件，提出验收标准。

工程的关键是设计

5～6年级：②利用示意图、影像、文字或实物等多种方式，阐明自己的创意，初步认识设计方案中各影响因素间的关系。

③基于有说服力地论证、认同或质疑某些设计方案，并初步判断其可行性和合理性。

【教材分析】

本课是教科版小学科学六年级下册《小小工程师》单元的第四课。本课的学习没有沿用四大模式，而是运用工程建设程序进行展开，从出示任务到制订方案，明确了建立模型是工程设计中的重要环节，对下一节课"制作塔台模型"起到承上启下的作用。

【学情分析】

本课是工程建设各个环节中最重要的环节，设计建立模型是工程的关键，也是学生学习的重难点。学生对工程的设计与制订比较陌生，教师需引导学生运用前几节课学习的知识进行知识的迁移与应用。为立足学生的素养发展，教师可以创设工程竞赛，促进学生的学习能力与创新能力，针对模拟实际需要解决的问题，提出创意方案，让学生通过角色扮演的方式，自主合作探究实践，共同完成塔台模型的设计。

【教学目标】

科学概念：知道建立模型是工程设计中的重要环节，认识工程设计需要考虑多种因素；

科学思维：能运用发散思维，分析、比较、归纳建模塔台设计，提出有创意的设计并绘制出塔台模型的设计方案，能突破思维定式，自主改进评价表和设计方案；

探究实践：能自主分工合作，共同协调设计塔台模型，并能对设计进行有效分析与创新性的改进；

态度责任：在设计塔台模型中，认识到设计对工程的重要性，能乐于沟通合作，倾听与分享他人的设计建议，对工程设计的创新具有兴趣。

【教学重难点】

重点：能通过发散思维有效地设计塔台模型，对材料的使用和评价表能给予具有创新性的建议和看法；

难点：能认识到设计对工程的重要性，建立模型是工程设计的重要环节。能发散思维、突破思维定式，进行创新设计，知道规范设计的重要性。

【教学准备】

教师：①课件；②吸管、吸管连接件；③塔台招标书。

学生：学习单、剪刀、图片。

【教学过程】

（一）创设情境，布置任务

（1）出示背景：即将开始的学校工程设计大赛，这次竞赛的内容是：设计塔台模型（教师板书），优胜者将有机会参与学校操场的塔台设计，本节课我们将在班级内进行初赛，请同学们踊跃报名参加。（预设全班学生都报名。）

（2）分组：工程设计是建立模型中重要的环节，需要团队的力量，请同学们四人为一个小组，自由选择工程设计伙伴，并给自己的团队取一个响亮的队名吧。

（3）分工：一个工程设计需要不同的人员来共同完成，请问有哪些不同类型的人员呢？（生讨论，师提示工地工程有哪些戴不同颜色帽子的人员，各有什么不同的职责。）

（4）小结：在一般工程中，有戴黄、蓝、红、白四种帽子的人，分别是施工者、技术工程师、安全工程师、总工程师，只有大家共同协调才能更好地完成工程任务，请同学们小组内确定分工身份，做好大赛准备。（师出示施工者、技术工程师、安全工程师、总工程师的职能职责，并提醒学生根据自身的特点优势，选择适合自己的身份。）

设计意图：根据新课标课程理念加强实践探究，通过创设塔台模型设计比赛，分组建立塔台模型设计团队，并模拟现实工程对学生进行自主分工职位，激发学生的学习动机，让学生主动积极参与，积极体验，提高学生的自主合作学习能力。

（二）创新思维，明确任务

（1）提问：这次比赛是塔台模型设计，请大家思考一下需要怎样设计才合理，对于塔台模型要有哪些要求呢？（生小组内讨论，师巡视指导。）

（2）出示：请各小组的总工程师代表发言，教师总结并出示塔台设计要求。

（3）追问：大家共同讨论塔台模型设计的要求，根据这些要求，又该如何选取材料呢？（生小组内讨论，师巡视指导。）

（4）出示：请各小组的技术工程师代表发言，教师总结并出示塔台设计材料。

（5）讨论：经过大家的努力，塔台设计的要求和材料都完善了，这次的活动既是任务也是竞赛，既然是竞赛，那就要有竞赛的评价要求，请同学们根据塔台模型制作评价表，小组内探讨有无需要修改和改进的地方，以及塔台模型设计要求和材料有无合理的建议。（师出示塔台模型制作评价表，生全班讨论，师巡视引导学生发散思维，得出与预设相近的建议。）

（6）预设：①建议在教室一角设立"自助餐式"材料区，各个团队可以不必局限于必备的工程实践材料，可自由增添材料及清单。

②材料成本核算过于模糊，需要各项具体的材料单价才能核算成本。

③顶端承重能力要有具体的承重质量来判定项目分数。

④塔台模型成本极限值要限定，超过极限值判定违规，取消竞赛资格，防止个别小组故意放弃成本项目分值，无限制增加成本，来提高其他项目分数。

（7）过渡：各个团队间的"头脑风暴"展现了大家的智慧，点燃了比赛的激情，接下来让我们根据完善后的要求材料及评价表进行塔台模型方案的制订吧。

设计意图：为立足学生核心素养发展的课程理念，突出学生的主体地位，通过设计引导学生自主合作探究、分析、归纳、合理概括出塔台模型设计的要求和材料，组织安排学生运用发散思维讨论改进建议，提高学生的创新思维能力、技术与工程实践能力。

（三）发散思维，制订方案

（1）观察：课件展示一个塔台模型，请学生观察模型的一个面（四边形顶面），并把观察到的形状记录下来。

（2）提问：记录的这个面的各条边有多长？需要怎么表达出来呢？（生回答，师引导学生得出设计模型需要关注的几个设计要素，即形状、长度、名称等。）

（3）观察：请同学们继续观察另外几个面，用刚才的方法表达出来，初步设计画出设计草图。（生小组内分工设计草图，师巡视指导。）

（4）提问：各团队已经开始思维碰撞，投入激烈的塔台模型的设计当中了，请问大家在设计的过程中需要考虑并解决哪些问题，使得设计更加完美呢？（生小组内讨论，师巡视引导学生依据评价表分工思考并记录问题，技术工程师思考设计的美观和塔高问题，安全工程师思考承重及抗风抗震问题，总工程师和施工者统计设计成本并记录问题。）

（5）预设：①为达60厘米高度，要考虑材料如何使用。

②如何设计塔台更加牢固？

③如何保证塔台不易倒下及什么因素会导致塔台产生倾斜？

④如何保证塔台抗风抗震能力？

（6）追问：我们要如何有效地解决这些问题呢？（生小组内讨论，师巡视引导学生可借鉴身边的工程设计和生活常识的运用。）

（7）预设：①上小下大，但底座不能太大，用一些吸管从中间和侧面进行支撑，并帮助延长高度。

②利用框架相互交错，使用斜杠和三角形的应用。

③吸管接口处要用胶带缠绕固定。

④塔台顶面的中心悬挂细线，另一端连接一颗钢珠悬空在塔台中间。

（8）提问：出示国家大剧院、北京银河SOHO、国家主体育馆鸟巢、中央电视台总部大楼、广州塔、中国尊等建筑图片并提问，看了以上这么多中国现代化特色的建筑工程，你们的心中有没有产生新的对塔台模型设计整体外形的美观设计灵感呢？（生小组内讨论，师巡视指导。）

（9）分享：请各小组代表畅谈新颖有趣的外观设计理念，师小结。

（10）设计：下发与活动手册相同的设计方案记录表，提示学生设计活动正式开始。（教师适时指导，随时提醒学生协同设计评价表中的各个项目，根据分工职能共同合作完成设计。）

（11）谈话：请各团队成员一起来介绍、展示设计方案。同学们一起交流，各组讲解尽可能详细、完整，这样更有利于相互理解、相互交流、相互帮助。

（12）展示：设计方案展示，全班交流，教师适时给予肯定与鼓励。

设计意图：为培养学生的核心素养，通过引导学生自主合作、分析并概括塔台模型设计需要思考的问题，能利用生活常识和身边的工程分析、解决问题，鼓励学生在塔台模型设计中能有创造性的建议，提高了学生的实践能力、模型分析能力和思维创新能力。

（四）设计大赛招募

学校工程设计大赛即将开始，这次竞赛的内容是：设计塔台模型（教师板书），优胜者将有机会参与学校操场的塔台设计，本节课我们将在班级内进行初赛，请同学们踊跃报名参加。

【板书设计】

4. 设计塔台模型

工程要求：

1. 高度、安全、承重是必须要达到的要求。

2. 底部能移动，有抗风抗震能力，坚固耐用。

3. 成本、美观、设计方式、分工等。

核心要求：坚固、美观、价廉的平衡。

【案例反思】

本课是教科版六年级下册第一单元《工程与技术》的第四课，这个单元学生要像工程师一样，真正经历一次建造塔台模型的项目化学习历程。

（一）创设真实情境

建造塔台的项目背景是学校工程设计大赛即将开始，这次竞赛的内容是：设计塔台模型，优胜者将有机会参与学校操场的塔台设计，本节课我们将在班级内进行初赛，请同学们踊跃报名参加。

（二）搭建脚手架

本课的重点是图纸的设计，需要考虑的问题很多，比如材料成本、形状结构设计、稳定性、美观等都需要考虑。设计图是否科学、合理直接关系到下一节课的模型制作，要留给学生足够多的时间思考与设计。

在学生开始设计之前，我引导学生对项目要求和设计要求进行分析，其间借助三角形和四边形框架分析三角形的结构稳定性好，还对平面图和立体图进行对比区分，引导学生要将设计图画得清晰明了。

有关设计图的绘制，最后呈现出来的都是学生的创意图，他们没有考虑到用吸管、接口等材料在搭建模型时的具体接法和加固问题，所以显得设计图和实践操作脱离。我在想是不是可以给每个小组一些材料，让他们针对项目要求和设计要求，同时结合真实材料的使用问题，切实地设计塔台模型图，这样的绘制才更真实、更高效，更像工程师设计的。

（三）多元评价

在学生进行设计图的展示、交流环节，我设计了画廊漫步式的评价方式，让所有的同学和教师一同参与进来，体现教、学、评一体化。一个组有一名同学在展示区进行讲解本组的设计图，其余同学以及教师针对项目要求和设计要求对其他组的设计图进行点评（指出优点和缺点），同时进行他评和自评的贴星评价。

全班评价结束后，进行全班研讨环节，这个部分在本次课堂中没有很好地展现出来，很遗憾。

（四）尝试重构

①是否可以把本节课分成两个课时，第一课时重点指导学生按要求绘制设计图，第二课时重点引导学生按要求对设计图进行点评和改进。这样学生对于

设计塔台模型的思考会更加深入。②用真实的木材进行真实的设计制作，呈现真实的作品，让学生参与的积极性更高，更有学习的深度。

附：

设计塔台模型学习报告单

（　）年（　）班　　实验日期：　　年　　月　　日

实验名称：设计塔台模型	
实验目的：工程的关键是设计	
实验器材：铅笔、橡皮擦、尺子、红笔等	

塔台设计要求：
塔台高度60厘米。
必须能站立并承受一定的重量和风力，具有一定的抗震能力。
尽可能节省材料。
设计图纸有文字、数字、图形以及标识等。

设计图：

学生自评量表：（　）☆

评价项目	评价指标（☆/每条）		
积极参与	学习兴趣浓厚	善于提出问题	敢于发表意见
合理规划	设计图具体、可行	正确使用材料，不浪费	预估困难，讨论应对措施
团队协作	分工明确，人人参与	互帮互助，解决问题	及时沟通，虚心请教
展示交流	积极展示设计方案并介绍	为其他小组的方案提出建议	接纳同学的建议并改进

小组互评量表

评价等级	具体评价指标	评价结果
模型设计完成	塔台设计清晰，有具体的文字、数字、图形以及标识、成本金额。（☆☆☆☆☆）	
模型设计基本完成	塔台设计清晰，图文结合。（☆☆☆）	
模型未完成	画出塔台轮廓，未进行标识。（☆）	

续 表

反思改进量表

学习体会	教师评语
模型改良设想：	
针对的问题：	
改良思路：	

第五节 "创意科学"的拓展实践

小种植大学问研学活动

【研学实践主题】

生命科学——植物生长的秘密

【研学实践目的】

1. 在参观、体验、采访中感受体验劳动者的艰辛与智慧，见证科技让生活更美好，促进学生的个性全面和谐健康地发展，提升学生的综合素质及创新精神！

2. 在活动中践行文明礼仪规范，帮助学生获得有积极意义的价值体验，理解并遵守公共空间的基本行为规范，初步形成集体思想、组织观念。

3. 通过体验、感知、学会制作传统小吃，增强文化自信，发展基本的能力，形成正确的情感态度与价值观。

【研学实践地点及形式】

研学地点：湖头中科三安、幸福小镇、石钟溪耕读园、虎丘瑞景园。

研学形式：小组合作、实践体验。

【研学实践对象及人数】

科学素养班21人，老师4人。

【研学实践课程设置、日程安排】

一日研学课程安排

表5-5-1

研学时间	研学内容	研学任务
（出发） 前一天	课前讲解： 1. 研学行程安排及解说。 2. 研学内容讲解。 3. 安全注意事项。	1. 牢记出行注意事项。 2. 了解活动行程+研学内容。
08：30（集合） 08：40（出发）	校门口集合，前往湖头中科三安。	车上互动： 1. 才艺展示。 2. 有奖问答。
09：30	课题一：走进中科三安植物工厂 植物新技术介绍，参观蔬菜区，感受生物科技的魅力。 1. 了解何为植物工厂。 2. 了解LED光谱技术。 3. 参观集科研、生产、示范、孵化等功能于一体的产业化示范基地。 4. 品尝高品质的安全蔬菜。	1. 让学生去探索、发现、了解与体验新的植物技术带来的乐趣、独特新颖的体验，切身感受植物生产的每个阶段。 2. 感受新科技蔬菜的味道。
10：20	课题二：领略花卉培育之韵之美 1. 了解不同花卉的生产过程。 2. 辨认不同花卉的品种。 了解温室大棚的室内温度、湿度对花卉生长的必要条件。 3. 理解大棚种植的好处。 4. 种植花卉。	1. 培养学生们热爱劳动的习惯。 2. 激发学生们的劳动热情，在实践中领略花卉培育之韵之美。
11：30	课题三：探索湖头民俗，品尝湖头美食 动手做宫廷小吃 1. 湖头鸡卷。 2. 湖头芋包。 3. 咸笋包。	1. 让学生亲自动手，制作湖头美食。 2. 制作美食的过程中，让学生们了解湖头小吃的历史来源，了解湖头美食赋予当地居民的生活意义，以及当地的民俗风情。 品尝自己制作的美食，体会劳动的意义。

续 表

研学时间	研学内容	研学任务
13：00	完成研学任务单。	
14：00 出发（虎邱 瑞锦园）	课题四：探访酒瓶盆栽——瑞锦园，感受中国传统艺术与创新之美 1.观赏酒瓶盆栽的艺术之美。 2.回味怀旧艺术与乡愁。 3.培养学生的古典艺术创造力和审美情趣。	1.观赏酒瓶盆景。 2.感受酒瓶盆栽的独特魅力。 3.品非遗艺术文化与现代艺术的融合。 4.感悟乡愁文化。
16：00	集体照，行程结束，返回学校。	
后续	收集研学作品+作品修改。	提交研学作品电子档到群里。

【研学的实施】

（一）研学前的准备

（1）由文旅集团的负责老师介绍研学的路线以及任务。

（2）介绍研学基地，学生讨论确定研学的具体内容。

（3）制定研学的安全制度，强调安全注意事项。

（4）研学体验活动。

（二）研学课题

2023年11月10日，我校科学兴趣小组一起亲近自然，走进中科三安植物工厂、湖头石钟溪耕读园、虎邱瑞锦园，一起探寻植物生长的秘密。

课题一：走进中科三安植物工厂

学生们带着对中科三安植物工厂的浓厚兴趣和探索欲望，通过实地参观、访问和亲身体验，深入了解了植物工厂的运作原理和生产过程。他们不仅揭开了植物工厂的神秘面纱，还了解了植物工程中采用的人工光源照明和高精度环境控制技术，以及农作物周年连续生产的高效农业生产系统。

学生们亲眼看见了植物从播种到采收的全过程，包括催芽、育苗、炼苗、分栽和栽培等步骤。他们见证了蔬菜瓜果等植物不需要土壤和阳光，在LED光照和营养液的"呵护"下苗壮成长，成为餐桌上的美味佳肴。这一切都让他们深刻感受到了科技改变生活，科技创新的未来充满无限可能。

在参观过程中，学生们还了解了光谱调节、温度调控、介质栽培等科学原理，以及光生物、光电子、光通信等领域的应用和魅力。这些知识激发了他们的好奇心和创新精神，有的学生受到启示，提出了将微型植物工程建在寒冷的边疆，让战士们天天吃到新鲜蔬菜的创新设想。有的学生则提出了能否将微型植物工厂带进家庭的想法，充分展现了学生们的创新思维和无限创造力。

这次参观活动不仅让学生们了解了植物工厂的科技原理和应用，还激发了他们的创新意识和探索欲望。相信在不久的将来，这些学生将成为科技创新的重要力量，用他们的智慧和才华为社会的进步和发展贡献力量。

课题二：领略花卉培育之韵之美

在石钟溪耕读园，同学们沉浸式地体验不同花卉的生产过程，深入了解了花卉世界的魅力，不仅欣赏了各种美丽的花卉，学会了鉴别不同花卉的品种以及研究温室大棚的室内温度、湿度对花卉生长的必要条件。通过实践扦插植物，同学们亲身体验了动手种植的乐趣。

在花卉的海洋中，同学们也领略到了花卉培育的韵味与美感。他们细心地观察着每一片叶子、每一朵花，感受着它们所蕴含的生命力和韵律。

在园丁的指导下，同学们开始亲手参与花卉的培育。他们先在温室大棚内挑选自己喜欢的花卉品种，然后认真学习研究不同花卉的生长习性和生长环境。在园丁的讲解下，同学们了解到了很多关于花卉的知识，比如花卉的繁殖方法、浇水技巧、施肥时机等。

在实践中，同学们不仅学会了扦插植物的技巧，还掌握了一些基本的植物护理知识。他们在种植过程中亲身体验到了劳动的艰辛和乐趣，也深刻认识到了植物生长的不易。在这个过程中，同学们不仅提高了自己的动手能力，还对自然环境和生态平衡有了更深入的认识。

在石钟溪耕读园的学习经历中，同学们领略到了花卉培育的韵之美，也收获了很多宝贵的经验和感悟。他们深刻认识到每一个生命都值得被善待和尊重，而这也是此次花卉培育实践的重要意义之一。

课题三：探索湖头民俗，品尝湖头美食

午餐时间已至，学生们齐聚三安幸福小镇，在美食老师的指导下，深入了解了湖头美食芋包、咸笋包的来源及制作流程。

学生们按小组围坐，互相协作，共同完成了芋包和咸笋包的制作。多数同学表示这是他们首次尝试制作美食，然而在"做中学""学中做"的过程中，他们很快便制作出了形态各异、充满特色的芋包和咸笋包。

诱人的香味弥漫开来，美食已蒸熟上桌！同学们品尝着自己亲手制作的劳动成果，喜悦和满足感在每名同学心中持久回荡。

课题四：探访酒瓶盆栽——瑞锦园

在虎邱镇金榜村的这个酒瓶盆景艺术文化园中，林瑞温老师带领学生们走过了山间小径，绕过假山流水，穿过古色古香的亭台楼阁，来到了一片绿意盎然的盆景园。这里摆放着各种各样的酒瓶盆景，有古色古香的紫砂盆，有精美的陶瓷盆，还有石雕花盆，每一件都充满了艺术气息。

林老师向学生们介绍说，这些酒瓶盆景都是经过精心设计和制作的，每个细节都融入了中国传统文化的元素。比如有的盆景中栽种的是象征着吉祥如意的松树，有的则是代表着长寿的龟龄岛，还有的是代表着财运亨通的金橘树。这些盆景不仅美观，更寓意着人们对美好生活的向往和追求。

在这个酒瓶盆景艺术文化园中，学生不仅可以看到美丽的盆景，还可以欣赏到优美的园林景观和雕塑艺术。园中的小桥流水、假山奇石、古亭古塔等建筑和景观相得益彰，让人仿佛置身于一幅美丽的画卷之中。

林老师还带领学生们参观了园中的书画室，这里陈列着许多著名书画家的作品，如林则徐、郑板桥等人的墨宝。这些作品不仅展示了中国传统文化和艺术的精髓，也为学生们提供了一个了解和学习中国传统文化的良好平台。

通过这次探访酒瓶盆景艺术文化园的活动，学生们深刻感受到了中国传统文化的博大精深和独特魅力，同时也认识到酒瓶盆景艺术文化园所承载的重要使命，那就是传承和弘扬中华民族优秀传统文化，让更多的人了解和欣赏中国传统文化的瑰宝。

附：研学任务单

乘风起·赴秋约·共探索

——展望新科技，亲近自然，鉴赏酒瓶盆栽艺术

学校　　　年级　　　姓名

一、选择题

1. 植物工厂是通过采用（　　　）高精度控制设施内环境，实现农作物周年连续生产的高效农业系统。（多选）

　　A. LED光谱技术　　　　　　B. 介质栽培技术

　　C. 计算机信息技术　　　　　D. 机械自动化技术

2. 中科三安植物工厂植物是指在封闭的厂房内部，采用人工光源进行植物照明，通过设施内高精度环境控制实现农作物周年连续生产的高效农业生产系统，是现代农业发展的最高阶段，通过（　　　）步骤。（填序号）

③播种　⑥催芽　⑧炼苗　①育种　④育苗　⑤分栽　②栽培　⑦采收完成

3. 植物工厂内种植出来的蔬菜与户外大田种出来的蔬菜有（　　　）区别（多选）？

　　A. 无污染

　　B. 无土栽培

　　C. 无须阳光栽培

　　D. 全自动化管理

4. 播种所需要的花盆底部必须（　　　）。

　　A. 有洞

　　B. 没洞

　　C. 厚实完整

5. 种子发芽时，最先长出的是（　　　）。

　　A. 胚根

　　B. 子叶

　　C. 胚芽

6. 植物的生长发育不仅需要水，还需要养料。（　　　）

A. 正确

B. 错误

C. 不清楚

7. 关于植物生长方面，下列说法错误的是（　　　）。

A. 落叶的数量多少说明树叶在老化死亡。

B. 周围环境中的植物在不断地发生变化，有的快速，有的缓慢。

C. 树木的变化速度很快，所以可以一天记录一次。

D. 用数据记录植物的变化，知道植物的变化是生命体的特征之一。

8. 湖头的特色美食有（　　　）？（多选）

A. 湖头米粉

B. 咸笋包

C. 芋头包

D. 女婿汤

9. 林瑞温是虎邱镇金榜村人，系中国盆景艺术家协会会员、中国艺术摄影学会会员，原安溪第十五中学校长，被称为（　　　）。

A. 花匠

B. 花翁

C. 酒瓶盆景第一人

D. 花魁

10. 林瑞温的酒瓶盆栽，最让人过目不忘的是《咏春》组合盆景，"盼春""寻春""醉春""追春"四个乐章，表现了人们热烈追求明媚春光的主题。这是文学与艺术的结合，真是天衣无缝，美不胜收。

其背景以草书写上宋代词人的诗句：

①寻春　②盼春　③醉春　④追春

（1）若有人知春去处，唤取归来同住。（　　　）

（2）若到江南赶上春，千万和春住。（　　　）

（3）宿酒醒迟，恼破春情绪。（　　　）

（4）春且住。见说道、天涯芳草迷归路。（　　）

二、研学旅行感想

每一株植物的生长都有属于它的秘密，你知道促进植物生长需要哪几大要素吗？说一说你种过什么植物，你能用生动的语言描写一下它们的生长过程吗？

_____

_____

_____

_____

三、精心照顾自己种植的盆栽，并坚持做好观察记录

植物观察日记　　　　　　　　　记录人：

植物名称：	品种：	编号：
日期：	天气：	植物照片/画一画
植物状态：良好、差		
新变化：		
养护操作：松土、浇水		
其他：		

日期：	天气：	植物照片/画一画
植物状态：良好、差		
新变化：		
养护操作：垫高		
其他：		

日期：	天气：	植物照片/画一画
植物状态：良好、差		
新变化：		
养护操作：		
其他：		

日期：	天气：	植物照片/画一画
植物状态：良好、差		
新变化：		
养护操作：		
其他：		

制作"米饭的来历"标本

【制作依据及意图】

《米饭的观察》这一课的教学重点与难点在于引导学生通过图片了解米饭的来历。然而，在实际教学中，我们发现这种传统的教学方法无法引起学生的兴趣，无法给他们留下深刻的印象，因此教学效果并不理想。为了有效突破这一教学重点与难点，加强学生对知识的理解，我们特别设计了这款教学标本。

这款标本通过展示稻秧、稻穗、稻谷、糙米、精米、米饭的全过程，引导学生以形象的方式了解稻谷的生长情况以及米饭的来历。这样，学生可以更深入地理解粮食的生产过程，从而教育他们珍惜粮食，热爱农业，深知"一粥一饭，当思来之不易"的道理。

【制作材料】

泡沫板、小药瓶、大头针、刻刀、稻秧、稻穗、稻谷、糙米、精米、米饭、5%甲醛溶液。

【制作方法】

1. 准备薄泡沫板、大头针和刻刀，还有适量稻秧、稻谷、糙米、精米、米饭。

2. 用泡沫板做一个长46厘米、宽36厘米、高5.5厘米的长方形标本盒。

3. 再取一块与盒子底面大小相同的泡沫板（有条件可在泡沫板上喷绘出水稻的图案和标本说明），并在相应位置用刻刀抠出五个与小药瓶同样大小的槽。

4. 把适量稻秧、稻谷、糙米、精米、米饭分别装入小药瓶中，然后将小药瓶按顺序插入泡沫板的小槽内，在下面标出名称，这个标本盒就做好了。

【装置特点】

1. 采用简单的材料，降低成本。

本标本盒的材料均采用废弃材料制成，外部使用废旧泡沫板，内部使用废旧小药瓶，整个标本盒的成本约十元，既满足了教学需求，又节省了开支。

2. 直观形象，易于理解。

装有稻秧、稻穗、稻谷、糙米、精米、米饭的小药瓶按顺序摆放在标本盒内，水稻生长的全过程和米饭的来历一目了然。

3. 突破难点，简化过程。

城市中的孩子远离农村，对农业知识了解较少，实地观察稻秧、稻穗、稻谷、糙米等存在实际困难，并且"稻秧—稻穗—稻谷—糙米—精米—米饭"的形成过程需要较长时间，学生难以实地观察。本标本盒解决了这一问题，将米饭形成的漫长过程展现在学生面前，轻松突破了教学重点和难点。

4. 激发兴趣，巩固知识。

当《米饭的来历》标本盒呈现在学生面前时，学生表现出浓厚的兴趣，积极地参与学习过程。这样，学生在浓厚兴趣的驱动下，主动获取新知，取代了教师滔滔不绝的讲解，收到了事半功倍的效果。

"我来设计茶叶环保包装"探究性学习活动案例

2021年6月18日下午，在林校长带领下，研学组参观了安溪最大包装制造厂——怡鑫茶叶包装厂，开启以"如何设计一个既有创意又环保的茶叶包装袋"为任务驱动的"我来设计茶叶环保包装"探究性学习活动。

图5-5-1

茶文化是中国文化的重要组成部分，以茶为载体进行各种文化交流、人际交流，对促进和谐社会关系的形成起到了重要的作用。从现阶段流行的茶叶包装设计来看，大部分存在华而不实、缺乏环保理念等问题，因此，在茶叶包装设计中，绿色、环保材料的选择十分重要。

根据科学学科特点和课题目标，提出几个问题：

（1）分组观察茶叶小包包装的材料有哪些？其材料分别有什么功能？

（2）茶叶的包装盒有哪些材料？这些材料有什么功能？

（3）比较不同的内外包装材料，你能设计一款更实用、更环保的包装袋吗？

大家带着几个问题分组观察、讨论；有不明白的地方及时问老师、行内人员，有的来不及问的就拍照并在笔记本上标注，待回家后查找资料、弄清问题。学生们在老师的指导下，细心地观察、比较、查阅、分析讨论、思考等。有的学生分析有理有据，如子睿同学说："茶叶的外包装使用金属、陶瓷材料可以有效降低茶叶的破损率，还能有效地避免茶叶出现受潮的现象，它的密封性能极好，降低茶叶的氧化，但材料的成本高；塑料成形容器包装美观，但密闭性不好，制作材料不容易降解，不能回收再次利用等。"还分析了其他材料的利与弊。

经过独立的思考与分析，再综合小组的讨论与意见，多方面结合茶叶的销售渠道、储存方式、节省耗材、季节气候等特点，大家设计了各具特色的环保型包装盒。如吴越同学利用家中的纸鞋盒制作，从绿色环保的角度着手，盒子表面添加绘画，附上个人创作的广告语："用心沏一壶茶，为爱守护一个家"；或附上某个朝代的一首诗，这样的意境更丰富、更深刻，体现茶文化"天人合一"的理念。

当今销售市场竞争激烈，茶叶包装发挥着重要的作用。我们将引领学生们依着发展趋势，遵循绿色环保的理念，尽量避免污染和浪费，让绿色环保成为茶包装的潮流，维护人类社会与自然环境的和谐发展。

依据本课题实施的背景与实施方案、结合学科的特点，体现以学生为主，给予学生自主权，教师只是过程的引领者，引导学生主动探究，合作解决问题以及启发学生学习，带领学生及时总结与反思，在质疑中不断创新，提升包装的设计品质。学生通过学习，感受到科技、经济、社会发展影响着我们的生活，体验到创新的魅力。

附录：校本教材开发

《创新与实践》校本教材开发

秉承"强化科学实践 培养创新人才"的办学主张，把"追求创新"作为学校文化的精髓，把"科学教育"作为学校的生命力，用文化引领学校发展，用精神激励师生成长，努力创建精品化、优质化、特色化的省级名校。学校坚持"为孩子幸福人生奠基"的办学宗旨，秉承"塑造健康人格，培养科学精神"的办学理念，弘扬"实践出真知"的校训，依托"科学管理，创新发展"的管理方略，逐步形成了"求真、务实、合作、创新"的校风、"科学严谨，润物无声"的教风、"勤于实践，勇于攀登"的学风，日益凸显"以科学实践为载体，培养创新型人才"的办学特色，精心培育以创新精神为灵魂的具有鲜明个性、健全人格和综合素质的创新型人才。

2011年春季，我校被确定为福建省教育改革推进素质教育试点项目学校。作为省教育厅直接确定的试点项目学校，我们把项目名称确定为"在科学教育中培养学生创新与实践操作能力"，旨在借教育改革之风，把我校的办学特色做实、做大、做活、做优、做亮、做强。

为全面普及科技知识，培养学生的创新与实践操作能力，学校决定开发一门贴合学校实际、兼具科学性和可操作性的校本课程，并编写成校本教材——《创新与实践》，让优质的课程成就优质的学校，让优质的学校成就优秀的学生。

一、编写校本教材

为编写校本教材《创新与实践》，学校项目组工作团队先后召开19次会议，讨论教材的编写及修订工作。我负责从教材体系、教材板块的确定到目录的拟订整体策划与构思。

因没有经验，没有素材，我们举步维艰。在编写教材时，针对问题与老师们花了很多时间进行讨论：参考什么资料、怎样确定教材的体系、每课的教材要怎样撰写等，最后形成共识。主要做到以下几点：一是确定校本教材的内容体系的主要依据是《小学科学》教材、《综合实践活动》教材及创新大赛项目，做到既源于课本又高于课本。把每册的内容分为四个板块：调查与探索、观察与实验、设计与制作、创新与发明。每个板块都先拟出目录，查找相关资料后，着手进行编写。二是编写时主要体现地方性、知识性、趣味性和科学性，突出可操作性。三是充分发挥整个工作团队的集体力量，先个人编写，再集体修改，后确定初稿。我主要负责四年级下册的编写与修订。《创新与实践》初稿开始试用，学校要求老师们在使用的过程中，随时记录教材中存在的问题，以便修订。

二、修订校本教材

项目工作团队针对《创新与实践》初稿在试用的过程中发现的问题进行修订。在修订的过程中主要做到以下三点：

（一）就地取材

《创新与实践》教材中有些内容要体现地方特色，我们就尽量采用学生身边的相关材料，如四年级下册中的"校园噪音防范""凤山森林公园的植物"。第三课《茶苗的培育》中，了解茶树的繁殖，可以用种子繁殖，这是有性繁殖；也可以利用茶树自身的茎叶和根等部分营养器官进行繁殖，即无性繁殖。无性繁殖的方法有压条、长穗扦插、短穗扦插等方法。现在，生产上主要采取短穗扦插的方法，这是安溪人发明的，增强学生的文化自信。

（二）同伴互助

充分发挥学校各科骨干教师的作用，群策群力，通力协作，达成共识。例如有些内容需要提供实物图片，就请美术组老师帮忙；在文字推敲方面，请语文组骨干老师帮忙修改完善。

（三）亲近学生

《创新与实践》校本教材中有些内容需要提供学生的作品，原来多数是从网上直接下载的，修改时我们选用我校学生自己的作品编入书中，如《飞出地球》属于科幻画，我们把林希同学的作品《太空之旅》、陈欣迪同学的作品《航天器》选编入书中；第七课《自制小"编钟"》、第九课《晴雨花》用学生自己制作的作品作为范例。这样的修改使教材源于学生，用于学生，让学生感受到学习的快乐，体验成功的喜悦。

经过几年使用，学校广泛收集师生对《创新与实践》校本教材实施过程的意见建议，根据师生反映的突出问题，如：如何体现年龄段的衔接与螺旋上升？如何体现趣味性与科学性的统一？如何彰显学生个性与思维训练的系统性？学校再次组织编写团队与任课教师对教材进行调整与修改。

同学们创新意识与实践能力的形成是一个渐进式的系统工程，必须与时俱进，突出时代特色。因此，希望老师们能创造性地使用教材，并在实践中不断总结，提出富有创意的改进意见，以便加以完善与提升。

因我们的知识水平有限、经验不足，教材中错漏之处在所难免，希望各位专家、同行提出宝贵意见。同时，在编写过程中，一些文字、图片资料来自网络，在这里，我们对这些不知道姓名的作者表示深深的谢意！

附：部分四年级下册《创新与实践》校本教材内容

1 校园噪音防范

在我们美丽的校园里是否存在噪音现象呢？如果存在，达到了什么程度呢？让我们一起去探究吧！

什么是噪音呢？人们通常把影响人们工作、学习、交谈、思考、休息……的声音都称为噪音，如早市的喧闹声、高音喇叭的声音、拖拉机发动的声音等。为了区分什么样的声响才是噪音，人们把能听到的微弱的声音定为1分贝，超过80分贝的声响定为噪音。

对于日常生活中常常听到的声响，专家们是如何界定的呢？请看：

风吹落叶沙沙声——10分贝（极静）；轻声地在耳边说话——20分贝（极静）；轻声说话——20～40分贝（安静）；一般说话声——60分贝（较静）；大声说话——70分贝（很吵）；车辆一般行使——80分贝（很吵）。

风吹落叶

贴耳说话

二三人交谈

大喊

车辆行驶

围绕"校园噪音防范"主题，我们可以开展哪些活动？需要做哪些准备？

校园噪音防范调查活动方案	
活动任务：	
活动时间：	活动地点：
组长：	参与人员：
活动准备：	
活动过程与方法	
展现的形式	
收获与体验	

声响感觉 地点＼时间	早读	早操	上课	课间	体育课	音乐课	课外活动	备注
校门口								
操场								要注明方位
走廊								要注明楼层
教室								要注明楼层

要求：

1. 要较长期的调查，至少要一星期。

2. 要有晴天、阴雨天、雷雨等不同天气情况时的调查。

总结交流：

各组总结调查结果，向全班汇报。

解决办法：

学校

在校门口竖立交通警示标志

音乐教室安排在综合楼四五楼

教室配置低音喇叭

体育课上午少，下午多

上下楼梯不拥挤

上课举手发言

课间活动有序

收获反思:

通过本次活动，你有哪些收获和感想?

收获和反思

2 凤山森林公园的植物

凤山森林公园是人们健身、休闲的好去处，景区内林木成荫，鸟语花香。

公园里有哪些植物？

凤山森林公园

围绕"凤山森林公园的植物"主题，我们可以开展哪些活动？需要做哪些

准备？

调查活动方案	
活动任务：	
活动时间：	活动地点：
组长：	参与人员：
活动准备：	
活动过程 与方法	
展现的形式	
收获与体验	

开展活动：

采集标本：

上山路线：沿盘山公路到达明德楼，调查人工栽种的林木。

下山路线：在涵虚阁沿林间石阶到达东岳后，调查土生土长的原生林木。

边调查边记录，对于不知名的植物应当详细描述它的样子，带回能采集到的叶子。

凤山森林公园植物采集记录

盘山公路两侧的人工林种：

_____

_____

_____

_____

石阶小路两侧的原生林木：

_____

_____

_____

_____

沿路看到的种植的果树：

_____

_____

_____

总结与交流：

各小组采集到哪些植物呢？展示一下你们的成果吧！

这又叫"假桄榔"，　　_____

跟我们学校假槟榔　　_____

的叶子有什么不一样？　_____

相思树，又叫台湾相思树，　_____

从东岳后面到孔子龛都能看到，_____

再往上走为什么见不到相思树，_____

只见马尾松呢？　　　　　　　_____

这株榕树相传是宋朝的
朱熹种的，人称"晦翁榕"，
它的树龄有多大呢？

芒萁是蕨类植物的
一种，到处都有。
用闽南话怎么说呢？

收获和反思：

通过这次活动，你有哪些收获？请你根据调查的结果，写一篇保护凤山森林公园植物的倡议书.

3 茶苗的培育

安溪乌龙茶经过几百年的发展，到了明清已渐成熟，乌龙茶苗和青茶炒制技术先后传遍闽南、闽北、广东、台湾等乌龙茶区。

看一看，说一说：

茶树的繁殖，可以用种子繁殖，这是有性繁殖；也可以利用茶树自身的茎叶和根等部分营养器官进行繁殖，即无性繁殖。无性繁殖的方法有压条、长穗扦插、短穗扦插等。现在，生产上主要是采取短穗扦插的方法。

茶树短穗扦插的培育过程：

苗圃选择	苗床整理
剪穗选择	插穗剪取
扦插	苗圃管理

　　茶树短穗扦插繁殖的季节在3～10月之间，主要是春插和秋插。在这段时间内，我们要利用双休日和暑假的时间，参加家里或帮助邻居的育苗劳动。要边做边看边想，做好记录。

茶树短穗扦插观察记录

四年___班　　姓名___

观察环节：

时　　间：

地　　点：

操作过程：

技术要求：_____

_____

_____

所需工具材料：_____

_____

_____

_____

我的发现：_____

_____

_____

_____

相关链接：

安溪县是全国茶树无性繁殖的发源地。明崇祯十三年（1640）前后，安溪茶农创造出"茶树整株压条繁殖法"。民国九年（1920）前后，西坪茶农创造出"茶树长穗扦插繁殖法"。民国二十四年（1935），西坪乡平原村王成文采用的一叶一芽一节的短穗扦插技术获得成功，并逐渐传播毗邻乡村。1953年，短穗技术在省、专区、县派人进行总结、提高、推广。1956年，大坪、萍州进行200多亩大面积的短穗扦插实验获得成功。

安溪"茶树短穗扦插育苗"获全国科学大会奖。

1957年10月，国家农业部在安溪召开茶树短穗扦插繁殖技术现场观摩会。从此，这种用材省、成活快、出苗率高、品种统一、长势整齐、加速良种推广的育苗法传播到全国各产茶省，也传播到印度、斯里兰卡、日本、肯尼亚、坦桑尼亚和乌干达等世界主要产茶国家。1978年，安溪茶树短穗扦插技术荣获全国科学大会科技成果奖。

4 植物养分通道——茎

我们已经知道芹菜的茎能输送水分和养料，那么芹菜能不能吃糖，把自己变成又香又甜的呢？

学一学，做一做：

实验器材：

两根带叶的新鲜芹菜、两个高一点儿的杯子、白糖、匙、纸、圆珠笔。

实验步骤：

1. 一个杯里倒入半杯左右的水和4匙白糖，另一个杯里只倒入半杯左右的水。

2. 用圆珠笔在纸上写"糖水"和"水"的字样后，分别贴在杯子上。

3. 用刀切去芹菜根部后，在两个杯里各插上一根。

4. 约两天后，摘下两片芹菜叶，分别尝尝它们的味道。

> 实验原理
> 这是因为糖水和水通过被称之为维管束的毛细管，沿着植物的茎上升到叶子细胞的缘故。插在糖水里的芹菜叶之所以有甜味，与生长在土壤里的植物把土壤里的营养成分和水通过维管束输送到叶子里的道理相同。

想一想，试一试：

我们已经知道植物的茎能运输水分和养料，我们也知道植物的茎能从上到下把绿叶制造的养料运输到植物体的各个部分。试一试不同的植物，它们的茎有什么不同的地方吗？

在菜园里找一棵芹菜，用小刀把茎横切一下，只要感到把茎里的丝切断了就可以，每天去观察一次，看有什么变化。

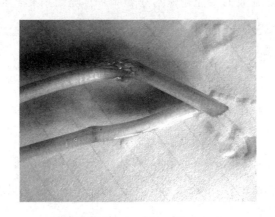

哦！我明白了，植物的茎运输水分和养料的组织有的能增生，有的不能。

5 闪烁的星星

夜空中闪烁的星星太神奇了！你知道星星为什么会闪烁吗？我们就来做个实验吧。

学一学，做一做：

实验器材：

手电筒、铝箔、圆的玻璃缸（大号）、筷子。

实验步骤：

1.把铝箔剪得比玻璃缸大，用手捏出褶后再展开放平。

2. 往玻璃缸里倒入一半左右的水后，放到已捏出褶的铝箔上。不要把铝箔展得过平。

3. 使房间变暗后，在离玻璃缸高30cm处用手电筒照射水面，并观察平静水面底下的铝箔。

4. 一边继续用手电筒照射水面，一边用筷子轻拍水面，然后观察通过摇晃的水面所看到的光。

两种实验结果相差不大，要集中精力观察和比较光的明亮程度。

5. 要比较水在平静时和摇晃时，从铝箔反射过来的光的亮度：从铝箔反射过来的光，摇晃时比平静时更暗。

读一读：

像实验那样，光照射水时，光在水面上被折射，这种现象叫作"光折射"。光折射不仅发生在水中，也发生在运动的物体中。

地球被不断地运动着的空气包围着，星光在通过空气（大气）层时被折射，我们看到的星光才会闪烁。

我们人类居住的地球是一颗星星，离地球最近的月亮也是一颗星星。地球和月亮都不会发光。我们见到的月亮光，是反射的太阳光。像太阳这样自己会发光发热的星体在银河体系中，大约有二千五百亿个，人类肉眼能看到的只有3000颗。这些星星不停地运动着，但它们是绕着北极星转的，只要我们认准夜空中的北极星，就能慢慢地知道这是什么星星，那是什么星星了。

6 自制小"编钟"

在欣赏民乐演奏时，经常看到用同样材料做成的形状相同、大小不一的器件组成的乐器，通过敲打，演奏出美妙的音乐。

编磬用石或玉制成，大小不一而厚薄相同，或大小相同而厚薄不等，用小木槌击奏。

编磬图

编钟用青铜铸成，由大小不同的扁圆钟按照音调高低排列，用丁字形木槌击奏。

编钟图

云锣将音高不同的铜锣编排起来，通常在十面以上，用小木槌击奏。

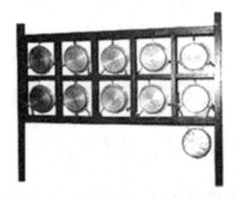

云锣图

排鼓由五个大小不同、发音有别的鼓组成，每个鼓外径相同，内径不一，可发出音高不同的两个音，用木槌击奏。

排鼓图

爱好音乐的同学或细心的同学，会在乐队和乐器中，找出不同乐器是由若干相同材质的部件组成的，有的是打击乐器，有的是吹奏乐器。说一说有哪些？

扬琴图

排箫图

看一看，学一学：

当你轻轻敲打玻璃瓶时，小瓶会发出响声。如果在小瓶里装些水，敲出的声音就会发生变化。改变瓶中的水量，可以敲出高低不同的音。如果在5个小瓶中装入不同量的水并适当调节，就可以敲出音调不同的五声音阶，这样就成了一组有趣的小瓶"编钟"。

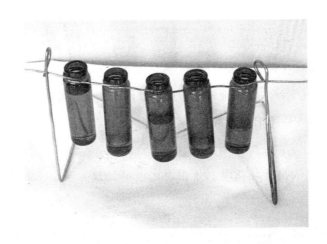

实验器材：

尖嘴钳、小瓶、16号铁丝1根。

制作方法：

1.用尖嘴钳剪一段16号铁丝，将5个小瓶的瓶口固定住。注意不要绕得太紧。

2.用16号铁丝做一个架子和一把敲打的"锤子"。

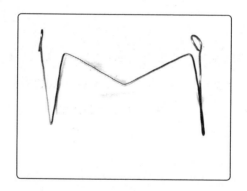

3.把小瓶固定在架子上。

4.往5个小瓶里注入不同量的水，边敲打边听声音，直到听到满意的音调为止。（注意：声音的音调是指声音的高低。）

试一试：

下面这一段乐谱比较简单，请用自己做的"编钟"击奏几遍，看看"编钟"的演奏效果。

1＝F 2／4

5 2 5 | 1 65| 6 56 1 |2 1   2|

  5 2 5 | 1 65| 6 56 1 | 2 3| 1 － | 1 －‖

在家里，你可以找几个大小不一、同样材料的同种用具排列组合后，再击奏。如玻璃杯、茶杯、碗……

7 晴雨花

食盐来自海水。由于盐能吸水，下雨天空气潮湿，盐也会受潮，而晴天则不会。晴雨花就是利用这个原理来制作的。

学一学，做一做：

实验器材：

药棉（脱脂棉）、红墨水、食盐、不同颜色的吹塑纸。

制作方法：

1. 将少许红墨水、几汤匙食盐溶入水中。水要适量，能浸湿药棉就行。

2. 将少许药棉浸入溶液后取出，团成圆盘状晒干。不要挤干，尽量保持其盐分。

3. 把各种颜色的吹塑纸剪成花盆、花瓣、叶子、茎，用白胶把它们粘在底板上。

4. 把晒干的药棉粘在花蕊部位上。

5. 将花挂在墙上。

6. 把剩余的红墨盐水刷在纸条上，留作色样，以便日后观察作比对用。

看一看，想一想：

1. 晴天时，花蕊的颜色怎样？雨天时，花蕊的颜色有什么变化？

2. 变色花能不能预报天气？

3. 能预报天气的不只晴雨花，在自然界有很多景象能预报、预测晴雨。先看一看，再说一说。

日落西山日落送山，明日晒死老大倌。

朝霞不出门，晚霞行千里。

枫叶早落春不寒。

猫儿洗脸，雨在明天。

鱼游水面，下雨不远。

蚂蚁搬家在土脚，天气转晴早；蚂蚁搬家高处攀，将有大雨和大风。

燕子高飞炎日头，燕子低飞雨水流。

烟囱烟囱难冒烟，一定是阴天。

阅读推荐：

《安溪民间文学集成》一书，收集了有关时令、气象、物候的谚语七百余条。读了以后，对我们观天象知天气是有帮助的。

8 反面突破

缸大水深，眼看那孩子快要没命了。别的孩子一见出了事，都跑去向大人求救。只有司马光急中生智，把缸砸破，救出小孩。司马光这时想到的是水离开人，不是人离开水。这种方法就是反面突破法。

说，读，看：

反一反、试一试的结果，在我们学习当中是常见的。

说 说说你在学习数学的过程中，常常运用的逆定理、逆运算。

逆定理：_____

_____

逆运算：_____

_____

读 有这么一副对联，你正读、倒读一下。

雾锁山头山锁雾，

天连水尾水连天。

看 下面这两幅照片，是顺光和逆光拍摄的，效果一样吗？

顺光拍摄

逆光拍摄

找一找：

在日常生活中，其实也有很多物件是应用反面突破创造法发明的。

　　如可拆的花盆结构简单，设计合理。想移植植物时，只要旋开白色的螺钉就可以，不但花盆可以重新组合利用，而且不会伤及植物的根与叶，有利于减少打碎花盆造成的经济损失和提高移植的成活率。

　　找出一件你最希望改进的物品，谈谈你的思路。

　　我们穿的袜子的袜后跟、袜底很容易破，有什么办法让它永远不会破吗？请你在右边的方框中画出草图。

　　我们家餐桌上经常有反季节的蔬菜。这些反季节蔬菜是怎样栽培的？可以问一下爸妈或邻居菜农。

　　说_____

_____

_____

想一想：

我们的生活用品和学习用具，有的很不耐用，你能找出一件最希望改进的用品或用具，谈谈你的思路吗？

_____

_____

_____

_____

_____

后记 ▶

　　在完成这部作品的过程中，我深刻感受到科学教育所肩负的崇高使命和深远意义。这本书的出版，不仅出于我对小学科学教育的热爱和执着，更是我对孩子们未来发展的希望和期许。过去的几年里，在领导的支持下，在导师的指导下，我与同事们一路通过不断的实践和研究，逐渐厘清了"创意科学"课堂的实施路径与策略。我们着眼于在小学科学教育中创设情境，让学生像科学家一样经历思考问题、解决问题的过程。在这个过程中，学生可以利用思辨判断思维认识科学本质，形成科学观念；利用转化创造思维构建模型，培养创新思维；利用元认知能力在探究实践中培养自主学习能力；利用意义建构思维理解知识的价值与作用，提升科学学科的态度与责任。

　　在这个过程中，最让我感到欣慰的是，我的努力得到了学生的认可和喜爱。学生在"创意科学"的课堂上表现出了极高的热情和创造力，他们不断提出新的问题，尝试新的方法，这种探索精神和求知欲让我深感教学工作的价值和意义。

　　这本书的诞生，离不开我的导师和朋友的鼓励，离不开领导和同事的支持和帮助。在此，我要向他们表示最诚挚的感谢！

　　尤其感谢厦门教育科学研究院的教研员叶彩红老师、泉州市实验小学的正高级教师何美惠老师的帮助与鼓励。

　　由于本人的学术和专业理论浅薄，以及认识和实践的不够深入，本书难免有谬误。期待诸位专家、同行予以指正，更期待在专家的指导下与同行继续商讨，共同进步！

林梅兰